TRILHANDO OS CAMINHOS DA LIDERANÇA

Antonio de Souza

ISBN: 9781520973654
Selo editorial: Independently published

AGRADECIMENTOS:

Aos meus filhos não só pelos primeiros impulsos para escrever, mas porque são os verdadeiros impulsionadores de todas as minhas ações na vida;

Ao SEBRAE – MG pelas oportunidades de aprendizado, convivência e conhecimento adquirido nos diversos grupos - nas diversas cidades mineiras - com os quais tive oportunidade de trabalhar;

A todos os "alunos-clientes" que participaram dos meus cursos e consultorias pelas contribuições com perguntas e relatos que se transformaram em objeto de minhas reflexões e me proporcionaram o necessário aprendizado prático que ora traduzo em relato pessoal de experiências.

Contatos do autor:

souza.pilar@globo.com

http://pilarconsult.blogspot.com.br

PREFÁCIO:

Muitos foram os impulsos que me levaram a expor de público as idéias que, agora aglutinadas, se transformaram neste livro.

A primeira delas ocorreu quando meu filho – do meio - aos nove anos escreveu seus primeiros contos. Naturalmente orgulhoso eu o incentivei:

_ Meus parabéns. Você brilhou. Agora continue escrevendo.

Mas, a resposta dele foi:

_ Eu já escrevi. Agora é a sua vez. Escreva um livro para mim assim como eu escrevi um para você!

Aquilo me pareceu um excelente desafio.

Já é hábito meu rabiscar todos os livros que leio, acrescentando neles todas as idéias que me ocorrem ao terminar a leitura de cada capítulo. Finda a leitura, vou ao computador e registro lá a minha "resenha pessoal" sobre a minha percepção daquela obra. Sob certo aspecto – muito pessoal – eu sou, sempre, co-autor de todos os meus autores prediletos. Mas, um co-autor personalista e misantropo. Só escrevo para mim.

A questão posta pelo meu filho me lançava um desafio novo. Um livro a ser escrito para um segundo leitor. E resolvi aceitá-lo.

Desafio aceito. Livro escrito e entregue ao portador que me presenteou com a mesma frase original minha:

_ Meus parabéns. Você brilhou. Agora continue escrevendo.

Corolário do primeiro impulso veio o segundo. Minhas duas filhas também demandaram livros exclusivos. E foram atendidas.

E assim nasceu meu hábito novo, que eu chamo - sem qualquer conotação erótica de "tesão" - de dar forma literária a tudo que me provoca observação, reflexão e comunicação.

O terceiro impulso já corria, sem que eu percebesse, como um rio dentro de mim. No decorrer de minhas atividades profissionais tenho trabalhado nos últimos trinta anos como gerente, gestor, diretor e líder de equipes. Embora seja profissional especialista em "finanças" – sempre acreditei que – sem trocadilho – que nada "enriquece" mais uma organização do que um quadro de pessoal competente e motivado. Portanto, apesar de especialista em Economia, Estratégia e Finanças, eu valorizo, acima de qualquer conhecimento ou expertise, o exercício da Liderança. E uma liderança que conduza a equipe pela influência, pelas atitudes, pelo relacionamento pessoal, qualidades que se sobrepõem ao conhecimento técnico.

Desde os meus primeiros passos em liderança de equipes, jamais exerci o poder coercitivo, no qual muitos gerentes da minha geração se apoiavam. E era muito criticado por isto. Muitos dos meus antigos colegas chegavam a duvidar do meu perfil gerencial. Mas nada disto abalava a minha crença de que uma liderança eficaz se constrói pela influência e não pelo exercício de poder. Na minha visão o líder para ser comprometido com os interesses da organização não tinha de ser insensível aos interesses do seu grupo de colaboradores.

Líder não comanda, conduz! Líder é motivador, educador, facilitador! Equilibrado e livre, sem ser subserviente! Não se frustra a decidir segundo sua própria integridade. Baseia seu comportamento na confiança, na lealdade e no amor. E só faz juz à sua posição quando a sua equipe – e não o indivíduo – colhe os frutos dos resultados alcançados.

O quarto impulso – este acelerador do processo literário – iniciou-se quando optei pela carreira de consultor independente.

Ao me credenciar como consultor no SEBRAE – MG, meus trabalhos pioneiros foram realizados em sala de aula. Apesar de ter um curso de especialização em Docência do Ensino Superior e já haver atuado, há muitos anos - no começo da carreira - como professor universitário, esta nova experiência foi um grande desafio.

A sala de aula, para qualquer professor, é um ambiente desconhecido e, frequentemente, instável. Nunca se sabe o que vai acontecer ali. Naqueles primeiros momentos ocorreu-me que, mais do que um especialista em conteúdos – ou um Consultor – eu teria que recorrer às minhas experiências passadas em Liderança. E com um cuidado adicional. Aqueles grupos formados pelo SEBRAE não se constituíam de jovens universitários ou empregados de empresas, mas por donos de pequenas empresas. Não se tratava, portanto, de abrir um livro e ensinar técnicas e teorias, mas de reconhecer, em cada participante, páginas e mais páginas de livros já escritos pelas suas próprias experiências profissionais e vivenciais. De certa forma, eles eram, como eu, co-autores daquele processo de construção de competências que haveria de ocorrer naquele ambiente. Escreveríamos juntos novos livros. Portanto, mais do que conhecimento, ali se desenvolveriam atitudes, habilidades e, sobretudo, novos comportamentos empresariais.

A minha experiência – e crença – em liderança focada em resultados – e não em tarefas – foi fundamental nesta minha etapa de vida profissional.

O quinto impulso veio da minha experiência como consultor. No universo de empresários em que tenho atuado salta aos olhos a sua imensa dificuldade em lidar – e trabalhar – com o seu quadro de recursos humanos. Não sei se estou sendo injusto, mas há uma quase unanimidade nas reclamações dos empregadores em relação ao seu quadro de empregados. E eles têm razão. Há uma imensa dificuldade nas relações pessoais modernas e isto se reflete no quadro institucional das organizações. O quadro de colaboradores tem se pautado por uma atuação que eu classifico como "tarefeira". São especialistas em tarefas, mas pouco – pouquíssimo – afeitos, ou sensíveis – a resultados.

Nestas reflexões é que me veio à mente um diagnóstico. Há uma ausência – ou carência – do exercício de uma liderança eficaz na maioria das organizações. E não apenas nas pequenas. Em organizações de pequeno, médio e grande porte, em todos os segmentos, esta carência é percebida.

Como em um "flashback" lembrei-me dos meus antigos colegas de gerência e de suas dificuldades em compreender a minha atuação como um líder diferente daquilo que todos praticavam. Felizmente, e com certo júbilo – devo reconhecer – percebi que, naquela época, eu antecipara o que deveria vir a ser a liderança frente a esta nova geração de colaboradores. Nossos jovens já não aceitam velhos dogmas. São mais independentes e liberais. Não têm aquele enorme medo de perder da minha geração. São autoconfiantes. Mas precisam de novos direcionamentos para, ao invés de se deixarem dominar por tecnologias tirarem o máximo de proveito delas.

E isto tem muito a ver com o novo exercício de liderança. Não se constroem atitudes novas com ferramentas antigas.

O sexto impulso veio, então, com esta busca de ferramentas, a partir do meu diagnóstico. Depois de muitas leituras sobre o tema, a que mais me influenciou foi a exposição de James Hunter sobre a Liderança Servidora. Devo confessar que sempre fui um admirador da história de Jesus Cristo. Talvez por isto tenha me interessado vividamente pelos textos deste autor, onde Cristo e sua obra na Terra têm uma leitura, a meu ver, de extrema lucidez para quem se interessa, como eu, por compreender e praticar relacionamentos com o objetivo de conduzir pessoas a objetivos comuns e compartilhados.

A partir daí, voltei a ler, inúmeras vezes, a Bíblia com o escopo específico de entender a gênese da liderança conquistada por Jesus Cristo que, apesar de distante há mais de dois mil anos, continua exercendo a sua influência sobre um terço da população da Terra. Nestas leituras, minhas observações e conclusões eram, constantemente, "testadas" nos relacionamentos que eu vivenciava em diversos ambientes onde se construíam relacionamentos. Estes testes confirmavam as minhas teses de que não é a técnica, mas o comportamento aliado ao conhecimento e às informações que induz as pessoas a conseguirem resultados.

Este livro é o resultado final de todas estas reflexões.

SUMÁRIO

11

Introdução:

O TRIÂNGULO DA LIDERANÇA.

INFORMAÇÃO

CONHECIMENTO   COMPORTAMENTO

Informação é poder!

Se você é daqueles que acreditam nisto, está pelo menos 20 (vinte) anos atrasado em relação aos novos paradigmas da **Liderança.**

Como diz a sabedoria popular:

"Não adianta ter um martelo na mão se não sabemos distinguir entre um prego e um parafuso".

13

Ou, não adianta ter a ferramenta – ou a informação – se você não sabe usá-la. Costuma até ser mais perigoso do que adequado.

Atualmente informação pode ser considerada essencial, mas não suficiente.

Deter a informação cria certa vantagem pessoal. Entretanto, para o exercício de liderança isto é apenas um dos vértices de um triângulo. Importante sim. Mas todo triângulo, para se completar precisa de três vértices.

Os outros dois são o conhecimento e o comportamento.

O uso da informação prescinde de **conhecimento** agregado para lhe dar utilidade. É o conhecimento adquirido que valida – ou critica – e dá valor à informação, para que ela possa ser usada em proveito dos propósitos da organização que você, enquanto líder quer conduzir ao sucesso.

Uma boa equipe não é feita apenas de "craques" – ou "experts" -, mas de múltiplos conhecimentos e habilidades e de troca destas qualidades. Uma boa equipe tem SINERGIA! E é a sinergia que promove esta troca de forma harmônica e efetiva. As equipes de sucesso não se limitam a realizar as tarefas. Elas querem eficiência, eficácia e efetividade.

Em suma, a elas não basta realizar. Precisam atingir – e se comprometer – com os resultados.

Portanto, na condução de equipes o conhecimento que o líder deve dominar é a capacidade de influenciar pessoas, administrando o processo social que faz equipes se engajarem com entusiasmo na realização de metas. O conhecimento aplicado à liderança usa ferramentas que ajudam o líder a gerar e manter sinergia. E, para dominá-lo é preciso aprender a trilhar os caminhos corretos levando os colaboradores a, de forma sistemática, aceitar - e superar - desafios. Um pouco destas ferramentas se aprende nos livros (ou textos). Mais um pouco nos cursos especializados. E o restante, igualmente importante, se aprende na prática do convívio social e na interação com os liderados, seja pela sua própria experiência, seja pela experiência de seus pares em outras organizações.

Finalmente, esta questão da experiência de convívio social nos leva ao terceiro vértice do triângulo; o **Comportamento.** São as **atitudes** do líder que norteiam as suas decisões e, por conseguinte, a sua capacidade de influenciar e motivar os seus liderados

Cada um de nós, se perguntado, é capaz de dizer com precisão qual foi a pessoa que mais o influenciou na vida. E, invariavelmente, ao refletirmos sobre a razão pela qual esta pessoa conseguiu exercer a sua influência sobre nós, reconheceremos muito mais comportamentos – e atitudes – do que técnicas de abordagens.

Os psicólogos modernos já distinguiram três dimensões da inteligência: a memória (nosso hardware), o raciocínio (nosso software ou processador) e a nossa emoção (que, por sua natureza, não permite explicação).

As três se combinam e geram a **sinergia** que é fundamental para o apoio e o equilíbrio das nossas ações e, principalmente, dos nossos relacionamentos, que são a base do exercício de LIDERANÇA.

Portanto, podemos – e devemos - fazer um paralelo entre a combinação destas três dimensões e o desafio de liderar equipes:

MEMÓRIA	Armazena os **dados** e **as** **informações**
RACIOCÍNIO	**Organiza e aplica o conhecimento** sobre os dados
EMOÇÃO	Dá o "tônus vital" e determina **a atitude** que estimula a decisão e a ação.

Resumindo: É o aspecto comportamental que, alimentado pelas informações e orientado pelo conhecimento, dá o "start" à decisão.

Boas - e más - atitudes, enfim, estarão sempre condicionadas pela emoção. Assim sendo, cabe ao líder, pelo seu exemplo, saber dosar – em si e nos membros da sua equipe – a exata dimensão de ameaças e oportunidades de forma a promover o equilíbrio emocional para que a memória (informações) e o raciocínio (aplicação do conhecimento) sejam utilizados em sua plena capacidade.

16

Capítulo 1: SOBRE O CONHECIMENTO E O EXERCÍCO DE LIDERANÇA:

O que é o conhecimento senão a investigação da VERDADE?

Mas, será que realmente existem, nos tempos modernos, verdades universais e permanentes? Ou são elas sistematicamente substituídas por **PARADIGMAS**, os quais, por sua vez são transitórios e limitados a determinados segmentos – ou grupos – sociais?

Esta discussão permeia as relações humanas atuais.

Alienar-se em relação a ela é fracassar na condução de grupos e frustrar-se nos objetivos de realizar uma boa **LIDERANÇA**.

PLATÃO E A ALEGORIA DA CAVERNA.

1. Porque Platão:

Muitos são os impulsos que nos levam a buscar compreender um pouco sobre Platão. Se nos colocamos como pretendentes à busca de conhecimento e educadores (líderes) capazes de difundi-lo, não há como relevar o fato de que o termo **"academia"** decorre da sua escola, que se estabeleceu no bosque de Academos, nos arredores de Atenas, na antiga Grécia, onde se ensinava filosofia e matemática.

Além disto, cabe-lhe a primazia de uso da dialética, do ensino pelo **diálogo**, que foi, também, a marca de seus escritos.

E, o que melhor do que o diálogo, para a formação e sedimentação do conhecimento?

Platão, discípulo de Sócrates, adepto do racionalismo grego, percebeu a distinção entre o verdadeiro e o ideal. Seu desenho filosófico é o do idealismo, no sentido da perenidade das idéias. Mais uma razão para tentarmos compreendê-lo melhor.

Com efeito, ele se situa entre Parmênides e Heráclito. Enquanto no primeiro, o eterno é a imagem e, no segundo, o eterno é o que virá, ou seja, a mudança, o movimento. Platão situa o eterno no mundo das idéias, no mundo da razão. Seu propósito é entender a realidade e, portanto, entender o que é eterno. Para ele, o eterno (o ideal), é absorvido pelos "olhos da alma", e assim, imutável. E o é, tanto na natureza, quanto na sociedade.

*Dois cavalos não são iguais, mas é igual a **idéia** de cavalo que se faz presente no homem. E esta, é eterna.*

Nos tempos modernos, as "idéias", ou mesmo as "verdades", deixaram de ser eternas. Transformaram-se em "paradigmas". Deixam de ser universais e atemporais

18

e passam a valer para determinadas comunidades e por determinados períodos, curtos ou longos. Porém, enquanto vigem, são "idéias" ou "verdades", no sentido que lhes dá Platão.

Tão ou mais importante, ele explicita a forma de entender a realidade, ao propor ao filósofo retirar-se dela, observá-la de fora, *com os olhos da razão* e entender que o mundo real são representações e imagens distorcidas. Não podemos definir com certeza o que sentimos, mas podemos ter um conhecimento seguro daquilo que reconhecemos com a nossa razão.

Isto nos leva a outro ponto importante que é a sua visão **dual** do homem - mais tarde retomada por Descartes - separando **matéria** – perecível, extinguível, mutável -, e **alma** – imortal, perene, eterna -.

Nada mais atual se pensarmos no Conhecimento, que também tem um aspecto dual. A **matéria** – conteúdo, cursos, metodologias -, **perecível** em função do momento histórico e conjuntural. E a **alma** – propósitos, fundamentos, função social – **imortal**, perene, algo que, por algum tempo e em algum lugar, lhe dá sustentabilidade.

Claro que o idealismo platônico se limita no tempo, no espaço e na história. Mas, não podemos relevar sua grande contribuição ao processo de produção do conhecimento.

Particularmente, eu ainda proporia uma dissecação adicional.

19

A **alma** - que segundo Platão contempla os olhos da razão - poderia ser dissecada, modernamente, entre **razão e espírito**. Embora não se descolem, em cada ser humano, razão e espírito reagem diferentemente aos estímulos externos e geram ações diferenciadas sobre os corpos (matérias) individuais. È aqui que entra a emoção.

2. A Alegoria da Caverna:

A alegoria da caverna é uma metáfora.

Ela descreve o caminho do conhecimento a partir das trevas, da escuridão, do nada. Pessoas, no fundo da caverna, de costas para a entrada, só percebem sombras projetadas na parede contrária, pelo clarão de uma fogueira. Esta é sua realidade.

Assim, a realidade se apresenta através de sombras projetadas para pessoas que estão imersas nas trevas.

Ao se virarem para a entrada – a luz -, a primeira sensação é de cegueira, com os olhos ofuscados pela luz intensa. Paulatinamente, os olhos se adaptam e se descortina um mundo maravilhoso de cores, formas e substâncias. Tem início o espetáculo do conhecimento.

Estes olhos que permitem a adaptação são os *olhos da razão*. Eles abrem caminho para o andar livremente – e sem medo - pelas trilhas da descoberta. Permitem perceber que a natureza – o mundo que parecia sombrio ou obscuro – às vezes até belo -, tinha imagens deformadas que agora se lhes apresentam diferentes, com novas possibilidades, em função da clarificação de seu novo olhar.

É assim com o pensamento - a razão -, na busca do conhecimento e da verdade.

Nosso mundo "real", com sua urgência utilitarista, nos mantém aprisionados em uma caverna escura, onde a razão é sufocada pelas necessidades materiais, legais, sociais e simbólicas e onde são projetadas imagens de coisas que outros querem que internalizemos como realidades. No momento em que abrimos esta nova visão, em que a luz se descortina, o verdadeiro valor das projeções se relativiza.

O primeiro impacto é de perplexidade – cegueira -, pela percepção da enorme potencialidade – luz -, que nos aponta o caminho na direção do conhecimento. É neste caminhar que vamos nos permitir descobrir novas formas – sociais, políticas, simbólicas -, e substâncias - materiais, morais – de enxergar novas verdades subjacentes. Aquilo que, até então, se nos apresentava como a nossa realidade nada mais era do que um conjunto de projeções desenhadas "ao sabor do fogo externo", sob cuja intensidade não tínhamos sequer percepção e, muito menos, controle. Vale lembrar que a alegoria da caverna está contida em "A República", onde Platão também descreve o Estado Ideal, no qual o Governo é a cabeça – a razão –e o povo é o baixo ventre – o desejo -, que precisa ser controlado. Neste sentido, Platão faz, consciente ou inconscientemente, o papel de Oráculo, **no que deve ser lido criticamente**, à luz dos Estados com que hoje convivemos.

Mas, a compreensão da alegoria da caverna é um vínculo importante, se se pretende repensar o CONHECIMENTO, enquanto instrumento de resgate do ser humano, tirando-o da escuridão e barreiras das trevas do mundo padronizado e acomodado, com valores impostos pela "mídia" ou pela moda, e apresentando-lhe a luz da razão, da audácia, da coragem de transformar.

Na claridade da razão, no conhecimento acumulado e testado – aqui vale um reconhecimento à contribuição do empirismo -, é que se tem o terreno para o exercício fascinante da investigação da verdade.

Neste ponto, talvez devêssemos deixar Descartes – que, como Platão, reconhece o corpo e a alma, **mas uneos pela consciência** -, "invadir" a alegoria da caverna, com o seu "Discurso do Método" e a conseqüente ênfase na pergunta, na dúvida.

Com efeito, a "Universidade do Diálogo" deve ser, lembrando também Sócrates, a "Universidade da Dúvida Racional".

Na sua função de investigar a verdade e reunir os saberes esta "Universidade" deve enfatizar as relações entre o pensamento e a matéria, unindo a lógica, o empirismo, a crítica e a dialética.

E é preciso, acima de tudo, acreditar que certa verdade existe. Caso contrário, não teria sentido investigá-la.

Finalmente, ao falarmos desta busca da verdade nas sociedades contemporâneas é preciso defini-la.

De qual verdade estamos falando?

De Platão, do plano das idéias, da verdade eterna?

Ou de Descartes, onde a única verdade é o ser perfeito?

A meu ver, esta verdade encontra-se definida no campo da Ética. Mas não na ética Kantiana do "dever ser".

Muito mais na proposição histórica de Hegel.

Prefiro acreditar que as verdades existem, mas não são eternas. São substituídas sistematicamente por **PARADIGMAS**. São temporais e abrangem grupos e comunidades específicas. E estarão sempre historicamente contextualizadas.

Cabe ao Conhecimento compreender (mais do que entender) o contexto histórico e clarificar as condições contemporâneas para este novo, e renovado, descobrir.

Esta é a primeira preocupação de quem aceitou o desafio de influenciar – e conduzir, sem manipular - pessoas.

Nível de Percepção

(Informação + Conhecimento)

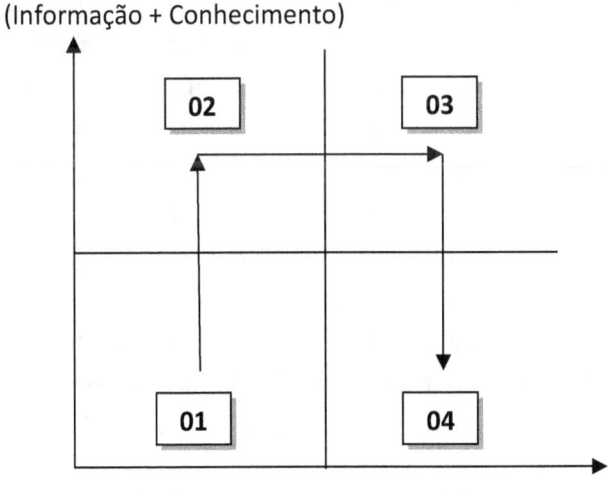

Habilidade

Operacional
(Comportamento /Atitude)

O caminho do desenvolvimento e da adaptação à mudança – quando se assume uma posição de liderança - requer a combinação de uma percepção aguçada da evolução do mundo mercadológico, administrativo e empresarial com uma habilidade operacional capaz de – muitas vezes – desencadear um processo interno de mudança pessoal voltado para a adaptação a novas formas de relacionamentos com a equipe.

O diagrama que ilustra este caminho é uma trajetória que o líder deve estar disposto a trilhar. Ele parte de uma inércia inicial e vai percorrer cada um dos quadrantes na medida em que vai superando cada estágio do seu desenvolvimento:

Quadrante 1 – Baixa Percepção e Pouca Habilidade:

Pode-se dizer - sem dar sentido pejorativo à palavra – que neste quadrante o profissional está *"alienado"*. É um momento inicial no qual se desconhecem informações relevantes (válidas e úteis), bem como os conhecimentos requeridos (em termos de conteúdos, conceitos e ferramentas), ainda não são suficientemente dominados. Na medida em que estas dificuldades são superadas tem início o movimento que, num primeiro momento, resume-se a uma "tomada de consciência" de que há mudanças em andamento no mundo "lá fora" e é necessário se adaptar a elas para se manter em dia com o "Estado da Arte".

Esta percepção permite compreender que existem novas possibilidades a serem experimentadas, dando origem à caminhada na direção do segundo estágio.

Quadrante 2 – Alta Percepção e Baixa Habilidade:

26

Ao ingressar neste quadrante, devido ao volume de informações coletadas e de conhecimento adquirido, o viajante está consciente de que existem oportunidades e possibilidades de mudanças que poderão levá-lo a um patamar superior na carreira profissional.

Ao combinar conhecimentos e informações ele – assim como os habitantes da caverna na Alegoria de Platão – percebe que "lá fora" há o NOVO.

E pode, à sua escolha, ser explorado. O diferencial de informações e conhecimentos agregados dá ao indivíduo uma vantagem comparativa no mundo competitivo.

Entretanto, em termos de desenvolvimento pessoal – caso o novo desafio inclua uma posição de liderança -, o binômio informações e conhecimento ainda não é suficiente. Falta-lhe a habilidade de construir e gerir **relacionamentos**.

Esta é a necessidade que o impulsiona para atingir o terceiro estágio.

Quadrante 3 – Alta Percepção e Alta Habilidade:

Se, na constatação da mudança externa é que reside o primeiro impulso pró-mudança e no terceiro quadrante que começam a se delinear as transformações psicossociais.

È ingênuo supor que, em um mundo em constante – e acelerada – mutação, é possível sobreviver sem *"abrir a*

27

porta da mudança interna". Portanto, é imperativo girar a chave desta *"porta trancada por dentro"*.

A transformação interna é – talvez – a parte mais difícil deste caminhar. Via de regra, ela impacta nossos paradigmas e nos desafia a sair da nossa "zona de conforto". E o risco – que nos causa medo e ansiedade – é ameaçador.

Mas, - recorrendo à sabedoria oriental - risco não se restringe a ameaça. Pode – e deve – também representar oportunidade.

Para se ultrapassar esta fase com maior segurança o primeiro passo é reavivar os nossos paradigmas pétreos. Aqueles que forjam o caráter. Nossas crenças e convicções mais profundas. Nossa essência, a qual não pode ser transgredida sob pena de nos levar a viver em permanente conflito. Nossa essência é a base do nosso equilíbrio interior. E, sem este, jamais seremos fiéis àquilo que definirá o nosso comportamento futuro. Neste quadrante, nossas atitudes na construção e manutenção de relacionamentos se transformarão, paulatinamente, em novos hábitos de conduta, os quais só serão coerentes se respeitarem nossos paradigmas pétreos.

Alguns destes paradigmas presentes na maioria das pessoas são aqui citados a título de exemplo e orientação para esta fase da jornada:

"Honestidade, Lealdade, Credibilidade, Amor ao próximo, Gentileza, Solidariedade, Respeito, Resiliência,

28

Entusiasmo, Progresso, Crescimento, Compromissos, Resultados".

Violar paradigmas pétreos é condenar-se a uma vida de constante conflito interior. Talvez este seja o maior causador de "stress" do mundo moderno.

Mas, por outro lado, cultivamos sem perceber uma série de paradigmas que são meramente sociais. Não passam de "imagens simbólicas" desenvolvidas e assimiladas como "verdades chinesas" – aceitas sem análise crítica – que, em dados momentos da nossa existência se instalaram e passaram a fazer parte do nosso comportamento social. São estes os que devem ser substituídos.

Alguns exemplos destes paradigmas são:

"Autoritarismo, Arrogância, Vaidade, Exibicionismo, Individualismo, Desconfiança, Ceticismo, Sofisticação, Complexidade, Erudição, Poder, Afluência, Conforto, Autodefesa, Insegurança, Centralização, Ganância, Oportunismo, Tarefas, Imediatismo".

Estes devem ser objeto de mudança ou substituição no nosso padrão de comportamento. Mesmo porque os modelos de convívio – ou de relacionamento – social são os responsáveis pelas maiores mutações e transformações na sociedade da informação do século XXI.

A nova habilidade comportamental, adicionada às informações recolhidas e aos valores agregados pelo conhecimento, deve promover *"uma mudança de hábitos"*

29

que será percebida pela equipe, propiciando uma interação baseada na confiança e na mútua cooperação.

Quadrante 4 – Alta Habilidade e Baixa Percepção:

Neste ponto é o momento de buscar novas informações e novo conhecimento. As atitudes incorporadas são facilitadoras do processo. E o líder vai querer novos desafios para promover a motivação dos seus liderados.

Assim se completa o primeiro ciclo e se inicia um "Círculo Virtuoso do Processo de Mudança".

Voltamos então ao primeiro quadrante em busca de novos e empolgantes desafios.

Capítulo 3: UM TESTE PARA SUA APTIDÃO À MUDANÇA:

"Só duas coisas são inexoráveis na vida: a morte e a mudança."

Os treinadores de elefantes no circo têm uma técnica especial para manter os paquidermes sob controle. Enquanto bebês, os filhotes são presos por uma argola na pata, ligada a uma corrente grossa que tem, na outra extremidade, outra argola. Esta é então enlaçada em uma estaca enterrada no chão a uma profundidade tal que o elefantinho não consegue arrancar. Presos, os "ainda pequenos" animais percebem que só saem daquele espaço (são libertados) quando os treinadores retiram as correntes das estacas e os levam ao picadeiro para treinarem suas acrobacias. Com o tempo, os elefantes ganham peso e força. Se continuarem presos, qualquer movimento brusco pode quebrar-lhes a pata. Então, os treinadores retiram a corrente, mas deixam a argola na pata. Condicionados que estão, os elefantes associam aquela argola na pata à sua experiência de estarem presos e, com isto, se mantém, apesar de soltos, docilmente adaptados à sua rotina. Só saem dali para cumprir a sua função no picadeiro.

Muitas empresas, gestores e gerentes brasileiros são como os elefantes do circo. Aprendem pelo condicionamento. A idéia de que "sempre fizemos e deu certo assim" representa, no sentido figurado, a argola na pata dos elefantes. Mas, o sucesso do passado não é garantia do sucesso no futuro. Pelo contrário, ele até costuma conduzir ao fracasso. Isto porque vivemos em um mundo em mutação, a qual vem se acelerando em função do progresso tecnológico. Se o mundo muda e eu não mudo, perco o "aero trem" da oportunidade. E meus concorrentes, não!

Esta idéia do apego ao passado pode levar a empresa a perder tudo que, muitas vezes, o fundador levou uma vida inteira para consolidar.

Nas nossas interações com empresários há certo desconforto em falar de mudança porque a grande questão que se coloca é:

"Como produzir na empresa o "leit motive" – a consciência da necessidade de mudança – para dar início ao processo?"

Com efeito, a mudança pessoal é uma porta cuja chave está trancada por dentro. Só a própria pessoa, a partir de sua decisão individual, pode girar a chave, abrir a porta e se engajar no processo. E, não se pode esquecer que a empresa é um complexo sistema de relações humanas. Logo, não se trata de destrancar apenas uma

32

porta – a do empresário/gestor/gerente – mas de um verdadeiro castelo – com muitas portas – já que a mudança se faz com pessoas. Queremos dizer com isto que a implantação das mudanças passa, prioritariamente, pela quebra de paradigmas pessoais.

Paradigmas são crenças individuais que habitam o nosso mundo interior por algum tempo. Por isto mesmo, paradigmas não são como as verdades: absolutas e universais. São efêmeros e individuais, sujeitos, portanto, a revisões e substituições.

O teste a seguir- que deve ser feito por empresários, gerentes, gestores e pelos formadores de opinião na organização - vai indicar qual o estágio de cada um quanto à propensão à mudança.

RESPONDA, SINCERAMENTE, SE VOCÊ CONCORDA (SIM) OU DISCORDA (NÃO) DAS SEGUINTES AFIRMAÇÕES:

1. **EM TIME QUE ESTÁ GANHANDO NÃO SE MEXE**
2. **NA PRÁTICA, A TEORIA É OUTRA**
3. **PLANEJAR E ERRAR; É SÓ COMEÇAR**
4. **MAIS VALE UM PÁSSARO NA MÃO DO QUE DOIS VOANDO**
5. **O FUTURO, A DEUS PERTENCE**
6. **O IMPORTANTE É SER GRANDE**
7. **MEU CAMINHO PELO MUNDO EU MESMO TRAÇO**

Agora some as suas respostas de concordância e de discordância.

1) Se você **concorda** com **4** ou mais afirmações você se situa na "zona de conforto". Está satisfeito e não vê necessidade de mudar. Você é uma pessoa que chamamos de *"REACIONÀRIO"*. Reage ao mundo por causa de suas crenças (paradigmas) muito arraigadas, quase verdades. Nasceu assim, aprendeu assim, se orgulha de onde chegou e não tem porque mudar. Seu único risco é pecar pela ingenuidade. As mudanças no mundo exterior são muito mais rápidas (e maiores) do que a sua boa percepção consegue captar.

2) Se você **discorda** de pelo menos **4** afirmações é porque já tomou consciência da diferença entre verdades e paradigmas. Verdades são imutáveis – estáticas – e paradigmas são fluidos – mutáveis – e vão se adaptando conforme as mudanças – sociais, econômicas, políticas e tecnológicas – vão ocorrendo no mundo exterior a você (ou à sua empresa). Você é uma pessoa que chamamos de **"REATIVO"**. Percebe as mudanças e sente a necessidade de se reciclar para adaptar-se a elas.

3) Se você **discorda** de **5** ou mais afirmações você está propenso a mudança. Entende a evolução do mundo como um processo contínuo e quer se manter em sintonia com esta evolução. Você é uma pessoa que chamamos de **"PROATIVA"** e está apto a empreender e liderar um processo de mudança.

COMENTÀRIOS SOBRE OS RESULTADOS:

1) Para aqueles que estão no primeiro grupo, só posso desejar que a boa sorte e a fortuna (no sentido filosófico) continuem te acompanhando. Segundo os antigos filósofos romanos, a vida é uma combinação entre o destino e a sorte. O destino lhe é traçado ao nascer e nada que você faça vai alterá-lo. A sorte é a sua companheira na construção do que você faz da sua vida. Quando a sorte o acompanha, tudo dá certo. Caso contrário...

2) Para os reativos do segundo grupo, digo que a sua percepção está mudando, mas a sua convicção ainda não. Se quiser mudar, você tem de acreditar que a mudança, além de necessária, é divertida e estimulante. Apesar do esforço/risco em realizá-la, ela lhe abre oportunidades novas de crescimento profissional e pessoal.

3) Os proativos do terceiro grupo estão prontos para iniciar. O único cuidado é dosar o processo através de uma disciplina estóica, uma vez que você vai envolver interesses emoções e ambições e precisará de colaboração, motivação e determinação. Lembre-se que nem todos na empresa são empreendedores como você.

O caminho da mudança pessoal é uma escolha individual. Mas, é importante lembrar que:

"A maior insensatez é esperar que as coisas mudem sem que eu esteja disposto a mudar"

E o mundo exterior é um sistema em constante evolução. Equivale a dizer que "lá fora" – fora do nosso controle - as mudanças estão sempre acontecendo. E se antigamente elas se processavam de forma lenta e gradual – o que nos dava tempo para nos adaptarmos -, hoje as coisas mudam "na velocidade da luz", face à grande interação de países, culturas, paradigmas, pessoas e, principalmente, informações, propiciada pela revolução nas formas de comunicação.

O propulsor da mudança nas pessoas tem sido, historicamente, a necessidade. De maneira geral nos adaptamos dentro de uma "zona de conforto" e só quando este equilíbrio é ameaçado, ou mesmo conturbado por alguma força externa é que reagimos e mudamos. Alguns autores chamam isto de *"mudança provocada pela dor"*. Obviamente esta não é a melhor escolha, uma vez que, sendo provocada de fora para dentro, vai nos forçar a criar soluções sob pressão. E soluções sob pressão- apesar de necessárias - não geram as melhores decisões que poderíamos tomar.

Em contrapartida, sugerimos a *"mudança pelo sabor"*.

Enquanto a primeira é uma reação ditada por ato externo – e às vezes doloroso -, a segunda é provocada por escolha pessoal. A própria pessoa a conduz – "toma as rédeas"- , experimenta, tenta, arrisca. È um jogo. Mas como todo jogo é rico de sensações. Por isto é muito saborosa.

O momento mais propício da mudança é aquele planejado. E ele pode ser reconhecido quando nos dedicamos a ler e perceber o mundo exterior, sua evolução e seus novos paradigmas. Percebendo-os, educamo-nos, preparamo-nos e planejamos a nossa inserção, o nosso espaço e a nossa atuação neste mundo novo que se prenuncia. E ai podemos dizer que vamos estar entre os líderes da condução da mudança, além de promovermos a nossa mudança pessoal de forma racional e equilibrada.

Finalmente, uma palavra sobre a atitude no processo de mudança. Na verdade é uma sigla - CPV – que usaremos reiteradamente no contexto desta obra.

Promover a mudança requer:

Crença: Certeza internalizada de que a mudança me conduzirá aos objetivos e metas que pretendo atingir neste próximo estágio de vida;

Paixão: Dedicação total ao próximo passo de transformação naquela pessoa que pretendo vir a ser;

Vontade: Combinação de intenção e ação para atingir os meus próximos objetivos neste processo de mudança pessoal.

Capítulo 4: A DIFERENÇA ENTRE GERENCIA E GESTÃO:

O ato de comandar pessoas vem, sistematicamente, sendo redefinido e renomeado.

Nos primórdios havia o Feitor. A seguir, o Capataz. Depois o Chefe. Substituído pelo Gerente. E finalmente apareceu o Gestor.

Isto a despeito de, em muitos casos, o ato em si (comandar) nem sempre ter acompanhado os princípios que deveriam nortear a mudança na nomenclatura. Com efeito, frequentemente, se observa que, apesar do nome mudar, o exercício de comandar não trouxe, nas pessoas que o exercem – as grandes mudanças atitudinais que eram apregoadas pelos ideólogos que buscavam – e buscam – estudar a questão da motivação e da gestão de recursos humanos nas organizações.

Na maioria dos casos – com as devidas e honrosas exceções que confirmam a regra - o comportamento do comandante não inovou como apregoavam os idealizadores da mudança de nomenclatura. Ela não foi compreendida em profundidade, mas apenas superficialmente.

A mudança foi de rótulo, mas não de conteúdo.

Interessante notar que os comandantes supremos – os que se situam no alto da pirâmide – saúdam a nova nomenclatura, mas nem de longe aceitam que ela lhes inspire um novo comportamento.

Aliás, muitos estudiosos e consultores organizacionais já declararam - com base em suas informações empíricas - que a adoção entusiasmada às "teorias da mudança" tem sido uma dinâmica em que as organizações se apóiam para dissimular a real necessidade de mudança.

È discurso, mas não prática. No dizer dos especialistas, é uma maneira que as organizações encontram para aparentar modernidade, continuando antigas, sem sair da sua "zona de conforto".

Mas, o propósito deste capítulo não é criticar organizações e nem satirizar a nomenclatura.

A questão de fundo é que, as funções de gerenciamento e de gestão - embora tenham em comum o "desafio de liderar" – são efetivamente diferentes.

A gerência é como o combustível do carro. O tanque não pode ficar vazio, senão o carro não anda. Portanto, é preciso ficar de olho no indicador de combustível de forma sistemática e periódica. Na gerência, indicadores de tempo, movimento, pausas, absenteísmo, resultados intermediários, compromissos realizados e outros, são estes indicadores.

Já a gestão é como o óleo. Embora não prescinda de atenção sistemática, precisa de planejamento periódico. E se for negligenciada, o prejuízo é ainda maior. Na gestão, estes são os indicadores de médio e longo prazo.

Carro sem combustível, não anda. Carro sem óleo funde a máquina.

Ainda falando de automóveis, podemos criar outra metáfora.

Gerenciar é como **conduzir** o veículo, levando-o de um lugar a outro. O papel do motorista – gerente – é de mero condutor. Gerir é como **dirigir** o veículo. Necessita-se planejar a rota, evitar os obstáculos, estar atento aos indicadores e às regras do trânsito, respeitar os outros motoristas, facilitar o tráfego dos veículos, etc.

Mas é claro que quem dirige também precisa saber conduzir.

Mas, de outro lado, nem todos que conduzem sabem dirigir.

Com certeza todos nós observamos no dia a dia das grandes cidades motoristas que conduzem e motoristas que dirigem.

Assim sendo, o que se coloca nesta reflexão é a necessidade de compartilhar – e muitas vezes conciliar - as duas funções: **Gerencia e Gestão.**

E isto tem uma tradução: **LIDERANÇA.**

O exercício de liderança precisa transitar entre gerir e gerenciar.

O primeiro aspecto diz respeito à Gestão. Uma organização planejada precisa, antes de tudo, de uma Gestão Estratégica. Ela precisa - como no ato de dirigir – saber quais são os seus valores, aonde quer chegar, quais os caminhos seguir, quais os obstáculos a superar e como monitorar o trajeto através da observação e análise de indicadores. Mas, de outro lado, nada disto vai levá-la aos resultados almejados se os planos de condução não forem realizados. E este papel cabe à função gerencial.

Portanto, as funções de gerenciamento e gestão se mesclam e se misturam neste processo. Mas – importante - elas têm papéis diferenciados. Não cabe dizer que gerente é gestor, nem tampouco que gestor é gerente.

E AINDA QUE OS PAPÉIS SEJAM EXERCIDOS PELA MESMA PESSOA É PRECISO TER DISCERNIMENTO PARA SABER QUANDO É PRECISO SER GESTOR E QUANDO É PRECISO SER GERENTE.

Capítulo 5: PREPARANDO O EXERCÍCIO DE LIDERANÇA - O PÚBLICO ALVO:

UM PAÍS DE "TAREFEIROS".

A concepção e o uso da palavra TAREFEIROS neste capítulo ocorreram-me numa reportagem política, onde o articulista se referia a políticos que apóiam sem restrições o poder central, de forma a obter benefícios e atender interesses pessoais. E, refletindo a respeito, observei que a grande maioria dos profissionais, nas empresas e nas relações sociais, age como *"tarefeiros"*.

Com efeito, estamos observando um fenômeno extremamente preocupante na atualidade.

Minhas experiências como consultor, educador e instrutor, trabalhando com empresários, gestores, gerentes e colaboradores de organizações de diversos segmentos têm trazido à tona algumas reflexões sobre o comportamento e a atitude que têm imperado e orientado as ações individuais das pessoas. E esta mesma reflexão é reafirmada nas minhas relações de consumo – enquanto cliente de empresas – bem como na minha condição de cidadão beneficiário – melhor dizendo, **sujeito** – das ações dos poderes públicos.

43

Nossos profissionais – em todos os segmentos – passaram a dar ênfase especial às tarefas, transformando-se em "experts" na sua realização. São especialistas que se dedicam com afinco ao domínio da **tarefa**.

Isto, a meu ver, pode ser resultado do espetacular avanço tecnológico do nosso tempo.

As pessoas dominam ferramentas que as ajudam a aumentar a produtividade (produzem com maior rapidez e sem erros) e são, a cada dia, mais eficientes em encerrar os seus processos individualizados.

Com isto, acreditam estar preenchendo os requisitos de eficiência, economicidade e pontualidade no seu exercício laboral diário.

Entretanto, para a organização, isto é apenas uma perna do tripé que dá sustentabilidade a qualquer atividade, seja ela empresarial ou social.

As outras duas pernas deste tripé são a **eficácia e a efetividade**.

Eficácia significa "fazer o que precisa ser feito, otimizando todos os recursos disponíveis". É fazer o que o cliente – interno ou externo -, o consumidor, a população - enfim o "Corpo Social"- espera receber, não apenas com a execução da tarefa, mas com aquilo que deveria ser o propósito da organização, qual seja a solução das necessidades do seu público alvo. Isto requer, numa palavra, SINERGIA em todos os segmentos de qualquer organização, seja ela econômica social ou política.

A segunda perna é a **efetividade** que implica em ter plena consciência de que qualquer organização (econômica ou social ou política) para ter sustentabilidade – ou permanência – precisa oferecer e garantir ao seu público alvo, a satisfação dos desejos e necessidades deles, com a qualidade que eles esperam – e merecem – receber. Importante destacar que a qualidade deve ser percebida pelo público alvo. Não é, **definitivamente**, definida pela organização. É perseguida por ela, mas é baseada em parâmetros de qualidade estabelecidos – ou percebidos - por aqueles que serão os beneficiários das ações da organização.

Vale repetir aqui uma frase que, certa vez, eu ouvi de um empreendedor de sucesso:

"Qualidade não é o que eu acho que eu ofereço, mas o que o agente receptor valoriza no meu produto ou serviço."

As organizações atuais, embora reconheçam este tripé a que nos referimos têm, muitas vezes, relevado as outras duas pernas, investindo cada vez mais em tecnologia, internet, redes sociais on-line, SAC's, treinamentos que buscam produtividade, e outras tantas ferramentas modernas. Ou seja, enfatizam a eficiência e a tarefa. Mas perdem a sinergia que proporciona eficácia e efetividade.

A organização é um ser SINÉRGICO. Prescinde das três "pernas" para se manter sólida, equilibrada e sustentável.

Ao privilegiarem a tarefa, os profissionais se automatizam. Com isto, o agente receptor dos produtos e serviços não recebe deles a qualidade esperada. E quando este público se manifesta os gestores se assustam. Muitas vezes jogam, injustamente, a responsabilidade nos profissionais. Isto acontece em todas as esferas de poder, sejam elas públicas ou privadas.

O que me parece claro é que a especialização excessiva, ao se tornar um objetivo único, deixou de considerar o que realmente significa valor para qualquer organização: a Gestão Focada em Resultados.

Nesta leitura, o trabalho tornou-se alienante. Ele passou a ser visto unicamente como uma maneira de agradar aos proprietários, aos gerentes e aos escalões superiores e garantir a sobrevivência material bi direcionada. Criou-se uma relação perniciosa de troca onde um lado busca a eficiência e a produtividade e o outro lado a remuneração e a promoção pessoal. Não há entusiasmo, nem vocação e nem compromisso. Em seu lugar há troca de favores e expectativas de ganhos imediatos e efêmeros.

Quando usamos a expressão "Foco em Resultados", a primeira lembrança evocada – e equivocada – refere-se a resultado econômico e financeiro.

Aqui tratamos de algo mais expressivo e muito mais relevante.

Resultados são metas, objetivos e desafios, medidos por indicadores que estão vinculados ao direcionamento estratégico de **qualquer** organização e guardam estreita relação com a sua **missão**, ou seja, o seu propósito de existência e permanência. A missão estabelece princípios e valores da organização; quem deve – dentro e fora da organização – professar e aplicar estes princípios e quem deve se beneficiar deles. A **visão** – aonde a empresa quer chegar e em que prazo – estabelece os passos estratégicos e as ações que a levarão ao lugar em que ela pretende estar no "pódio" da excelência. Sem isto - missão e visão bem definidas, professadas, aplicadas e comunicadas – a organização fica sem rumo. Vive "provisoriamente", aproveitando oportunidades de momento, mas sem finalidades definidas. Vai usando a experiência do "jeitinho" e se afastando, perigosamente, da sua trajetória de sustentabilidade social, econômica e política.

É esta visão do "provisório" c do "jeitinho" que caracteriza a atuação – incompleta - dos *"tarefeiros"*.

Para reconhecer e atingir resultados a organização – que inclui colaboradores, gerentes e gestores - deve, em primeiro lugar, identificar quais os grupos que estão interessados no seu sucesso.

Estes grupos são o que chamamos de *"stakeholders"* e se constituem dos clientes, dos proprietários - ou gestores no caso de organizações públicas e privadas - dos gerentes e colaboradores, dos fornecedores e de outros parceiros. E, como não poderia deixar de ser, o que vale para todos eles é a capacidade da organização em **gerar valor** – ou **agregar valor** – aos interesses específicos de cada um dos beneficiários das ações.

Para o primeiro grupo – o mais importante - é fundamental a percepção ampliada das necessidades dos clientes/consumidores. E é inevitável uma revisão de algumas práticas.

Não é o produto ou serviço ofertado que gera valor para o cliente. É, por outro lado - isto sim - a satisfação dos seus desejos ou necessidades. O cliente não demanda produtos ou serviços. Ele demanda **SOLUÇÕES**. Por isto, não cabe mais a filosofia – necessária, porém antiquada – de dar foco e atenção ao cliente. Ao invés disto, a visão moderna é dar foco e atenção ao **FOCO DO CLIENTE**. O que vale como agregação de valor é a expectativa do público alvo em relação à capacidade da organização em **gerar valor**, para ele. E este valor gerado ou agregado é medido em função dos benefícios que o cliente aufere pelo uso do serviço ou produto recebido. O público alvo sempre espera ter – **como benefício** - a solução adequada aos seus desejos e necessidades e está disposto a pagar um preço justo por isto.

É importante ressaltar que esta constatação vale para qualquer organização, seja ela Pública, Privada ou ONG.

O segundo grupo de *"stakeholders"* é constituído pelos proprietários ou gestores. A estes, cabe a satisfação de superar desafios, fazendo aquilo que gostam e, ao mesmo tempo, apropriar-se de parte justa do valor agregado pela organização, seja para satisfazer as suas necessidades pessoais – enquanto ser humano – seja para dar sustentabilidade e permanência à sua missão. As necessidades dos gestores/decisores podem ser elencadas por cinco palavras iniciadas pela letra **S** – que lembra **SUCESSO** -: Sobrevivência; Sustentabilidade; Status; "Self worth"; Superação.

Para garantir a SOBREVIVÊNCIA, a organização precisa gerar renda, capaz de financiar o seu consumo de recursos, gerar poupança e manter-se ativa no atendimento ao seu público alvo, satisfazendo os desejos e necessidades deles. A sobrevivência da organização traz por conseqüência a satisfação do seu gestor/decisor.

Requisitos de SUSTENTABILIDADE pressupõem a manutenção do crescimento material e profissional e da empresa, bem como certa segurança em relação ao futuro pessoal.

A questão do STATUS está ligada à posição alcançada e à sua manutenção de forma a permanecer no mesmo grupo social ou superior.

SELF WORTH – que significa auto-estima – diz respeito ao reconhecimento internalizado do valor individual e da importância da contribuição pessoal para a comunidade que recebe os benefícios da organização.

SUPERAÇÃO é a capacidade de vencer desafios e a disposição permanente para o crescimento profissional.

Pelo exposto, há uma nova dinâmica nas atuações do poder decisório Não é apenas o valor monetário apropriado – ou retirado - que gera valor individual, mas uma conjunção de interesses capaz de levar o indivíduo a realizar a sua missão pessoal na vida.

Para o terceiro grupo – gerentes e colaboradores – recorremos à hierarquia de necessidades elencadas por Abraham Maslow, explicitadas na seguinte tabela:

Auto-Realização	**Nível 5 (Crescimento Pessoal)**
Auto-Estima	**Nível 4 (Orgulho Pessoal)**
Pertencimento	**Nível 3 (Ser Parte de Um Grupo)**
Segurança/Proteção	**Nível 2 (Situar-se no Grupo Social)**
Comida, Água, Moradia.	**Nível 1 (Necessidades Básicas)**

Embora o autor a tenha apresentado como uma "escada" – disposta em níveis de aspirações - a complexidade do ser humano atual não segue esta disposição. Mas o valor da tabela permanece na medida em que este é um conjunto de necessidades que se mesclam – não de forma hierárquica – para aquilatar a motivação do quadro social – individual e coletivo – da organização. E cabe às lideranças ter em mente as necessidades valorativas dos indivíduos para que eles possam dar o melhor de cada um para gerar valor global para a organização.

Por fim, o quarto grupo que congrega todos os fornecedores e demais parceiros. A estes, o primeiro requisito é a relação de confiança (ou confiabilidade). É preciso reconhecer que parceiros confiáveis são aqueles que têm interesse genuíno no sucesso da organização em longo prazo.

Não cabe parceria do tipo "ovos com presunto", onde a galinha entra com o ovo e o porco entra com a vida. Ou onde a galinha se envolve e o porco se compromete. Parcerias são – ou devem ser – compromissos de longo prazo.

Parcerias do tipo ganho-ganha não são oportunistas. São, ao contrário, aquelas onde sucessos são divididos e fracassos são compartilhados.

Uma parceria saudável não precisa de interferências de poder, através de Práticas Institucionais não Meritocráticas - comuns no setor público – onde os interesses são oportunistas e gananciosos.

Uma verdadeira parceria se forma em função de interesses comuns e duradouros onde se pratica a gentileza, a empatia, a compreensão, a colaboração e, sobretudo, a crença comum de que as organizações existem e sobrevivem para servir e atender às necessidades do seu público alvo.

Para terminar este capítulo, vale lembrar que a organização que queremos construir é um objetivo **único**. E para esta construção é necessária a visão do todo. De nada adianta sermos especialistas em TAREFAS fazendo muito bem o nosso trabalho se os resultados não são apropriados por toda a sociedade.

Lembrando Sócrates:

"Vantagens pessoais são efêmeras, mas o crescimento pessoal, pela prática do bem comum, este sim, é eterno."

Capítulo 6: AMOR E LIDERANÇA

Ah! O amor! Segundo Mario de Andrade, amar é verbo intransitivo. Não se transfere. Sente-se. É algo gerado em nós, mas por estímulo externo. Então, é reflexivo. Na literatura, a idéia de amor tem um sentido romântico e está no campo dos sentimentos. É algo que sentimos e que nos causa sensações a partir de estímulos gerados pela pessoa amada. Então, o que isto tem a ver com liderança?

Nada! O amor, segundo esta concepção baseada no sentimento não é mesmo aplicável no campo da liderança. Entretanto, há outra explicação do amor, explicitada na Epístola do Apóstolo Paulo aos Coríntios (Capítulo 13), que tem tudo a ver com o comportamento do líder. Esta, retira do amor o seu significado substantivo abstrato e o transforma em verbo, que indica ação amorosa.

Mas por que recorrer à Bíblia para falar sobre Liderança?

Porque Jesus Cristo é simplesmente o maior comunicador e o maior líder que a História já conheceu! Basta lembrar que, ainda hoje, mais de um terço da população mundial é cristã. Nenhum outro líder, jamais, alcançou tamanho poder de influência.

Mas, voltemos à Epístola.

Ali aprendemos que o amor é *"paciente, bondoso, modesto, humilde, respeitoso, generoso, solidário, desinteressado, misericordioso (sem rancor), honesto, verdadeiro e comprometido"*.

São todas palavras que não lembram sentimento, mas atitudes. E mais, tais características são referidas em outras passagens da Bíblia e receberam um adjetivo nas pregações de Jesus. Ele se refere a elas como o amor "AGAPÉ" termo, aliás, que nos tempos atuais tem sido usado para referir-se a reuniões cujo objetivo é a caridade.

Quando refletimos sobre o significado do amor AGAPÉ e as características acima descritas notamos que, mais do que sentimentos, elas denotam um conjunto de AÇÕES originárias de ATITUDES que desenham um COMPORTAMENTO. Um comportamento amoroso que devemos ter em relação às pessoas.

Aqui entra a relação entre AMOR E LIDERANÇA, na medida em que o nosso verbo amar, agora, é um conjunto de ações afirmativas e pró-ativas.

Agir segundo o amor "agapé" é, portanto, uma ESCOLHA. Também o é, aceitar a responsabilidade de liderar pessoas.

Mas, o que traz este comportamento amoroso (ou amor "agapé") como subsídio ao exercício da liderança? Traz aquilo que buscamos na construção de relacionamentos profícuos: a integração entre a comunicação e a reação.

Uma reflexão que sempre cabe nas relações humanas é sobre a precedência entre comunicação, atitude e comportamento. Será que a forma como o agente emissor comunica a mensagem é que gera a ação e o comportamento do receptor?

Ou, ao contrário, é o comportamento do receptor que afeta a forma da comunicação?

E, em qualquer caso, qual dos dois é o causador dos ruídos que prejudicam a integridade da mensagem?

São boas perguntas, mas não são fundamentais. Na verdade elas desviam o foco da questão fundamental.

O importante não é a forma, mas a exata compreensão da mensagem. Toda mensagem antes de ser entendida, deve ser compreendida. E cabe uma reflexão sobre a diferença entre entender e compreender.

Entender é um processo analítico. É racional. Usa o cérebro e processa informações e percepções.

Compreender, ao contrário, é um processo emocional. Não depende de análise. É aceitação do outro a despeito de suas diferenças.

Desta forma, a mensagem requer a compreensão, não apenas do texto, mas da relação entre emissor e receptor.

A atitude compreensiva é base para criar empatia e confiança, as quais facilitam a interatividade. Na condução de equipes, lideres devem levar seus liderados a buscar com entusiasmo, objetivos comuns. Equipes de sucesso não são compostas apenas por "gênios" na execução de tarefas. Equipes de sucesso combinam realização de tarefas com motivação e entusiasmo. Adoram desafios e estes são vencidos quando cada um dá o melhor de si.

A chave para esta entrega individual pode estar no comportamento interpessoal ditado pelo amor. Não o amor sentimento, mas o amor praticado, conforme o descrito na Epístola dos Coríntios.

O comportamento amoroso amalgama as pessoas do grupo. O amor "agapé" não exclui. Ele agrega e gera sinergia.

Capítulo 7: INTERATIVIDADE ENTRE LIDER E LIDERADOS:

Não há pessoa no mundo que não queira melhorar seu desempenho como líder em algum dos seus desafios de viver. Todos nós queremos ser melhores pais, mães, educadores, clérigos, pastores, gerentes, gestores, empreendedores, empresários aptos a conduzir os nossos grupos (equipes), sejam eles nossos colaboradores, nossos seguidores, nossos filhos, a realizar objetivos que tenham propósito e significado para atingir o bem comum de nossa comunidade, seja ela ampla ou restrita.

A idéia de significado e propósito jamais é solitária e individual. Pelo contrário, é solidária e coletiva. Caso contrário será percebida pelos liderados – qualquer que seja a equipe com a qual estamos lidando - como egoísta, egocêntrica ou antidemocrática. E ao perder significado e propósito para a equipe, objetivos só serão alcançados pelo uso do poder coercitivo, algo que, no longo prazo, é insustentável.

As antigas organizações baseavam-se em modelos de liderança suportados por uma filosofia centralizadora, de **COMANDO E CONTROLE**, onde um líder isolado exercia o poder autoritário, autocrático e normativo. "Ditava as regras e estabelecia as normas".

Com o passar do tempo, dada a sua incapacidade de estar em todos os lugares ao mesmo tempo – na medida em que a organização crescia – a centralização dava lugar a um processo de delegação. Porém, não se delegava autoridade, mas a distribuição e supervisão de **tarefas**.

A garantia de unidade de controle era possibilitada pela geração de relatórios, fiscalizações e outras ferramentas com indicadores produzidos periodicamente e encaminhados à "Unidade Superior – o PATRÃO, O BIG BOSS". Vêm deste período uma profusão de indicadores, modelos, quadros e outras ferramentas que dão ênfase aos controles.

Por incrível que possa parecer, este modelo autocrático ainda persiste. **Não pereceu**. Pelo contrário, com o advento de novas tecnologias ele foi favorecido pelas facilidades de geração de planilhas e de comunicação integrada. Seu foco continua sendo a eficiência das tarefas realizadas e com isto aprofunda ainda mais o sofisma de considerar os empregados como **"colaboradores"**, embora o tratamento seja no sentido de fazê-los se sentirem cada vez mais **"tarefeiros"**. E, em consequência aprofunda o abismo entre a eficiência, a eficácia e a efetividade. Os trabalhadores não se sentem parte da organização e não se comprometem com os resultados e nem com a sustentabilidade da empresa.

Há exceções. Algumas empresas do século passado evoluíram no seu modelo de gestão. Percebendo a inocuidade do modelo de comando e controle estas organizações iniciaram um movimento de mudança de foco e rearranjaram suas estruturas.

São empresas que, ainda no século passado, começaram a se organizar por "**SILOS**".

Esta idéia constituía-se de separar a organização por especialização – Vendas, RH, Logística, Produção, Finanças, etc. – e daí adveio o modelo de Departamentalização.

Na prática, esta estruturação aumenta a delegação – dado que os departamentos são gerenciados por especialistas -, mas, infelizmente, não muda a filosofia. O modelo continua sendo de comando e controle, agora distribuído em camadas, como uma "cebola".

Se, no modelo anterior, o excesso de controle tornou-se fisicamente impossível à gestão, este novo modelo de "Gestão em Camadas" distanciou-se ainda mais do "núcleo" e, como consequência, os princípios e o direcionamento estratégico da organização – gerados nos centros de decisão -, em função dos "ruídos intermediários" na comunicação, jamais chegam íntegros aos realizadores das ações que são, na prática, as lideranças – e suas equipes - mais próximas dos clientes e dos mercados.

Organizações do nosso século – as mais atentas à evolução e em sintonia com o mundo em mutação – já

59

perceberam que nenhum dos modelos anteriores é adequado.

Seu grande mérito foi perceber que não é a estrutura organizacional que garante resultados sustentáveis. Pelo contrário, quem os garante, realizando tarefas com eficiência, eficácia e efetividade, são as pessoas.

E resultados com pessoas são conseguidos com boas **LIDERANÇAS**.

Liderança produtiva se exerce pela conjugação de dois fatores: **Tarefas e Motivação**.

Por isto, é possível afirmar que o maior indicador de saúde – ou doença – organizacional não está na estrutura. Está na liderança eficaz ou na ausência dela.

Empresas que perceberam este sintoma propuseram-se – com coragem – a romper com os modelos de estruturas anteriores e passaram a praticar novos modelos – mais objetivos – na busca de resultados através de equipes bem lideradas.

A nova filosofia baseia-se na gestão por equipes, em organizações orientadas para resultados.

Ressalte-se que, nestas empresas, a competência do líder não se restringe à sua capacidade técnica, mas na sua capacidade de influenciar e conduzir a equipe.

Para que este modelo funcione lealdade, sinceridade, democracia e comunicação são pré-requisitos.

Toda orientação passada deve ser coerente com a missão e visão definidas no direcionamento estratégico e percebidas em toda a sua dimensão pelos lideres de equipe. Já não cabem aqueles líderes – **antiquados** - que, preocupados em agradar os escalões superiores, são meros **reprodutores** das filosofias, comportamentos, tratamentos e atitudes que lhe são repassadas pelos seus superiores. O líder de verdade procura conhecer a fundo os objetivos estratégicos da organização para atuar como direcionador e condutor da sua equipe para aqueles objetivos. E, principalmente, cabe-lhe ter, com seus superiores, o mesmo tratamento e diálogo que terá com os seus colaboradores.

Ele é, em suma, o responsável pela construção das soluções que levarão aos objetivos. Mas, são os colaboradores que vão erigir os muros de sustentação da organização. Por isto, trabalhadores na são apenas "mão de obra", mas construtores efetivos das bases de sustentabilidade da empresa.

Equipes motivadas não são obedientes. São entusiásticas. Não aceitam reproduções. Querem criar e se superar.

A afirmação anterior é particularmente verdadeira para os jovens do nosso século. Eles formam uma geração critica que desconfia de velhos dogmas, decepcionou-se inúmeras vezes com maus exemplos de liderança em todos os campos e vivenciaram situações de descrédito ou de insegurança. Por outro lado são mais bem informados, autoconfiantes, inovadores, audazes, liberais, e dominam

61

tecnologias que favorecem o seu acesso ao conhecimento e a novas informações. Este "bombardeio" de informações é um novo desafio para as lideranças que precisam acompanhar a evolução usando a sua experiência para ajudar a sua equipe a segregar informações que sejam válidas e úteis para as superações dos seus desafios.

Esta nova liderança requer coragem e lealdade para romper com antigos paradigmas e, de outro lado, dispor-se a dialogar e se abrir para o novo, ao mesmo tempo em que catalisa os pontos favoráveis para potencializá-los na realização dos propósitos da organização. Tudo isto requer uma boa comunicação.

Dentro deste novo escopo, a comunicação não se limita ao repasse do que as pessoas **devem** ouvir nem tampouco àquilo que as pessoas **querem** ouvir. Uma comunicação assertiva foca resultados – ou metas – da equipe em prol da organização e, ao mesmo tempo, abre o **diálogo** sobre a metodologia mais adequada para que tais resultados – ou metas – possam ser atingidos. O líder que sabe **ouvir** receberá, além de subsídios, o entusiasmo, a confiança e a dedicação integral dos seus colaboradores.

Em suma, "**fazer certo o que é necessário para alcançar os resultados desejados**". Isto é sinergia entre eficiência, eficácia e efetividade.

O papel do Líder é gerenciar a eficiência, otimizar os recursos e produzir resultados, com a ajuda de pessoas motivadas.

Neste sentido, a liderança é lúdica. Ela é realizada com prazer na medida em que é um processo interativo – e agradável – de relacionamento interpessoal.

Boas atitudes do Líder é o que esperam os liderados. A verdadeira – e profícua – liderança não advém do poder. Até porque este é efêmero. Do mesmo jeito que foi outorgado ele pode ser retirado, sabotado ou ignorado.

A verdadeira – e profícua – liderança advém da influência. É ela – apenas ela – que confere autoridade, a qual, uma vez conquistada, jamais será abandonada. Quem detém autoridade pela influência sempre será respeitado e ouvido. Ainda que perca o "cargo" continuará como o principal formador de opinião e catalisador da equipe.

Mas, como se consegue autoridade pela influência?

Pelo exemplo, pelo comportamento, pelas boas atitudes, que foram internalizadas pelo líder nos seus hábitos diários, depois que chegou ao quarto quadrante, referido no capítulo anterior.

Algumas das boas atitudes – bons hábitos – da liderança são:

- **A paciência**: Habilidade de manter o equilíbrio emocional em qualquer circunstância;
- **A gentileza**: A prática da Empatia. A capacidade de se colocar no lugar do outro reconhecendo suas qualidades, seus medos e suas ansiedades para

63

facilitar a compreensão e o diálogo. Ouvir não é escutar, é compreender;

- **A humildade**: Ser assertivo sempre, porém sem arrogância;
- **O respeito**: Saber confiar e delegar, valorizando seus colaboradores;
- **O altruísmo**: Acreditar que a sua maior vitória é o sucesso e a valorização da equipe;
- **O perdão**: Saber anistiar os erros individuais, transformando-os em oportunidades de aprendizado;
- **A honestidade**: Ser fiel ao seu caráter passando aos seus liderados a certeza de sua própria integridade;
- **O compromisso**: Cumprir acordos e transformar esta postura em exigência fundamental dentro da equipe;
- **A finalidade**: Saber dosar e renovar o princípio de que equipes têm crenças, valores e objetivos de longo prazo que devem ser professados por todos os seus membros;
- **A busca da verdade**: O conhecimento é investigação da verdade. Portanto o diálogo feito com sinceridade, ainda que seja crítico ou negativo é oportunidade de "feedback" e vale tanto do líder para o liderado, quanto do liderado para o líder. É bidirecional;
- **O comportamento íntegro**: Ser a mesma pessoa social perante superiores ou subordinados;

- **O interesse**: Ser interessado ao invés de querer se mostrar interessante.

Capítulo 8: SOBRE O EXERCÍCIO DE LIDERANÇA (1):

LIDERANÇA: UMA NOVA DEFINIÇÃO:

Muito já se escreveu, no passado, sobre a caracterização do líder. Todos os textos antigos procuravam se basear em tipologias (lideres carismáticos, autocráticos, democráticos e "laissez faire"), em exemplos ou em personagens históricos. A partir destas observações, traçavam-se perfis e elencavam-se características de cada tipo de liderança, discutindo então a sua eficácia.

Mas, nem todos nós nascemos com tais características. Será então que não podemos liderar, já que não somos lideres natos?

Felizmente, não!

Estas idéias de líderes inatos – antiquadas – vêm sendo substituídas a partir da percepção de que a liderança não foca pessoas, mas foca a função. Daí trabalharmos modernamente com o **exercício de liderança** e não mais com a **formação de lideres.**

Minha nova visão de liderança – inspirada por James Hunter - a define como:

"*A habilidade de influenciar e conduzir pessoas de forma a realizarem, entusiasticamente, isolada e conjuntamente, tarefas que conduzam a resultados que tenham significado para o bem comum da equipe.*"

Importante dissecar esta definição para darmos continuidade a estas reflexões.

1) Liderança não é uma técnica. È uma *habilidade*. Logo não é mera questão de aprendizado, mas de desenvolvimento de competências em três dimensões: (informação, conhecimento e comportamento). O exercício de liderança requer que você:

a) Escolha ser líder;

b) Tenha motivação (excitação) nisto;

c) Comporte-se proativamente no relacionamento pessoal.

2) *Influência* não é exercício de poder ou de autoridade. È poder de persuasão, de condução, mas sem imposições. Ao aceitar a sua influência os colaboradores estão "dizendo" a você que estão dispostos e propensos a se deixarem conduzir a um "porto comum" sem perderem suas características pessoais. Seguem-no por seus valores éticos e porque você merece a confiança deles.

3) *Realizar tarefas* : O bom líder sabe distribuir tarefas em função do potencial de seus empregados. E

68

também sabe coordenar o conjunto de tarefas de modo a obter *sinergias* para que cada tarefa de cada liderado se encaixe perfeitamente na busca dos objetivos almejados.

O líder precisa acreditar – como premissa – que: *"o mundo é um sistema semelhante a um grande relógio, onde cada peça tem uma função específica e se uma peça adianta ou atrasa então a hora indicada não será exata."*

4) **Entusiasticamente:** O termo que melhor define o entusiasmo a que nos referimos – e com desculpas antecipadas aos mais pudicos – é "tesão", que aqui é considerado sem conotação erótica ou sensual mas remetendo à idéia do *"fazer com prazer"*. É a crença individual no fato de que a finalização conjunta das tarefas gera a confiança, o orgulho e a superação e nos faz alcançar o clímax de nossa auto-estima. Cabe ao líder estimular - e difundir – esta crença nos indivíduos.

5) **Isolada ou conjuntamente** remete à reflexão de que não adianta ao líder ser ou ter um "campeão", mas uma "equipe campeã". Na busca de resultados o segredo é potencializar os recursos. O resultado é *sinérgico*, quando cada um dá o melhor de si. Portanto, não rotule nem queira ter na sua equipe apenas gênios. Mescle potenciais de forma a obter cooperação, suporte e criatividade.

6) **Equipe:** Certifique-se de compreender bem o significado de equipe. Ela transcende o significado de grupo ou de time. Um grupo é apenas uma reunião de pessoas com interesses comuns. Trocam, no máximo, idéias, experiências ou opiniões. Isto é muito pouco para gerar resultados, compromissos ou responsabilidade

compartilhada. Um time, embora se agregue mais do que um grupo, restringe-se a buscar um resultado específico, determinado e com prazo de validade. Também é pouco porque não tem o sentido de perenidade ou permanência. Não é sinérgico.

Já uma equipe, além de abranger as idéias de grupo ou time é formada para perenizar o sucesso. Além de se comprometer com o curto prazo, almeja manter-se agregada para buscar novos resultados no longo prazo. A equipe, mais do que tudo, tem **crenças e valores** comuns.

7) *Resultados:* Atingir resultados é, estrategicamente, sinônimo de atingir objetivos. Mas, objetivos não são do líder. São da equipe. Ainda que sejam traçados fora da equipe e à revelia do líder – não devia, mas acontece – cabe a este traduzi-los e "vendê-los" aos liderados como uma proposta de superação. Mais importante é entender que objetivos têm uma técnica de elaboração. Não é discurso vazio. Uma maneira de definir bem os objetivos para uma equipe é procurar, ao estabelecê-los, preencher as características do anagrama a seguir:

sperto	Claro, conciso, bem especificado

E		
S	ignificativo	Ter significado/propósito para a equipe
P	rovocante	Desafiador, propondo superação pessoal
E	xecutável	Crível, realizável, plausível
R	ealista	Respeitando os recursos disponibilizados
T	emporal	Alcançável em prazo definido
O	bservável	Indicadores que permitam monitoramento

Novamente, três palavrinhas mágicas - aglutinadas em uma sigla **(CPV)** para facilitar a memorização – são fundamentais para atingirmos objetivos. São elas:

A **CRENÇA** que remete à idéia de que precisamos acreditar que somos capazes de realizar/alcançar aqueles objetivos que estabelecemos ou que nos foram propostos.

A **PAIXÃO** que nos permite dedicarmo-nos àquilo que perseguimos por acreditarmos que nossa meta – alcançada – trará benefícios materiais e/ou espirituais.

A **VONTADE** que realimenta as duas anteriores e jamais nos deixará desistir ou desanimar.

8) *Bem comum:* Motivação e excelência, para estarem presentes em todas as tarefas, precisam reconhecer que elas agregam valor. E cabe ao líder perceber nos liderados qual o sentido da palavra "valor" na equipe. Pode ser desde o mero reconhecimento em placas comemorativas até as reuniões da equipe em ambiente externo, com ou sem premiação. A propósito da

premiação – que tem sido o elemento mais importante de remuneração e motivação nas empresas modernas – é preciso ter em conta que cada indivíduo pode professar/desejar/atribuir valor segundo suas próprias características pessoais e seu histórico de vida. É aqui que cabe ao líder analisar o grupo e propor a premiação de acordo com aquilo que expresse o objetivo mais valorativo para a equipe. Cada uma delas pode professar/desejar/atribuir valor segundo seus próprios princípios/convicções/experiências vivenciadas. Cabe ao líder, conhecendo bem cada um dos seus liderados e exercendo o seu papel de facilitador/motivador/educador, propor a forma de reconhecimento mais valorizada pela sua equipe.

A propósito, aqui vai uma dica de motivação e retenção de talentos.

A rede Nossa São Paulo desenvolveu, tempos atrás, uma pesquisa para avaliar indicadores de bem estar das pessoas. O resultado surpreende. O que as pessoas apontam como "valor" tem muito mais elementos de qualidade de vida do que de riqueza monetária ou patrimonial. O que as pessoas querem é:

- • - uma boa, fraterna e carinhosa convivência com a família, comunidade e amigos;
- • - uma relação amorosa - e companheira - saudável;
- • - equilíbrio entre trabalho e vida pessoal;
- • - educação e transporte público de qualidade;

- • - lazer cultural (cinema, teatro, literatura, museus, etc.)
- • - assistência, comodidade e segurança na saúde;
- • - convivência harmônica (e feliz) com animais e natureza;
- • - vida espiritual rica (preenchida);
- • - atividade física;
- • - solidariedade e segurança na sua comunidade.

Como se vê, a questão da remuneração material não é por si só, um valor individual. Ela está inserida em um conjunto de valores que as pessoas reconhecem como *"qualidade de vida"*. Portanto, para motivar a equipe, amplie o seu foco. Transcenda a questão material. Identifique benefícios que elevem a **qualidade de vida** da sua equipe. Busque a *"felicidade"*- *veja como ela é definida* - no ambiente de trabalho.

Capítulo 9: SOBRE O EXERCÍCIO DE LIDERANÇA (2):

LIDERANÇA: OS NOVOS PARADIGMAS:

Para o exercício de uma nova liderança é necessário adotar novos paradigmas.

Primeiro paradigma: O líder não administra pessoas. Administra acordos.

Chocante? NÃO.

Ele administra acordos ou contratos psicológicos. É preciso compreender que o líder administra compromissos – ou acordos – que são estabelecidos, **prioritariamente**, pela via democrática, entre ele e seu liderado. São estabelecidos previamente – desde a seleção do colaborador para o projeto/trabalho – e monitorados/analisados sistemática e rotineiramente. E avaliados periodicamente. Mas, veja bem, a avaliação aqui referida não diz respeito ao empregado e sim ao cumprimento do contrato psicológico, à responsabilidade das partes, à produção de resultados e, eventualmente, à necessidade de revisão do contrato/acordo.

Uma boa maneira de realizar esta avaliação da produtividade e da relação líder liderado é um instrumento que eu chamo de: **O PEDESTAL**.

O nome remete ao que queremos: conduzir cada um de nossos colaboradores a um lugar cada vez mais alto no "pódio" da produtividade, que é alcançado pela sua eficiência, pela sua eficácia e pela sua efetividade.

"Eficiência significa que ele faz bem feito; Eficácia significa que ele faz o que precisa ser feito e Efetividade significa que ele atinge as metas que foram previamente negociadas".

O PEDESTAL não é uma simples *"Avaliação de Desempenho"* tradicional.

Preferimos tratá-lo como; **O**portunidades **PE**riódicas de **DES**envolvimento de **TAL**entos.

Tratam-se de reuniões periódicas - **e individualizadas** – entre líder e colaborador para o estabelecimento de metas, acordos, acompanhamentos e correções de rumo. Em suma: **feedbacks planejados e orientados**. Portanto requerem um planejamento e uma rotina que enumeramos, passo a passo, a seguir:

A) PREPARAÇÃO:

76

Passo 1 – devem ser marcadas com antecedência, para que o colaborador se prepare e esteja disponível e disposto a dialogar.

Passo 2 – O líder prepara com antecedência todas as informações sobre os pontos fortes e os pontos de não conformidade do liderado, elencando as prioridades que serão tratadas nesta oportunidade.

Passo 3 – Ter um histórico de pontos de não conformidade abordados em reunião anterior que foram solucionados e outros que continuam pendentes.

B) CONDUÇÃO:

Passo 1 – Começar elogiando o colaborador, destacando seus pontos fortes e suas últimas realizações. Destacar o seu progresso desde a última reunião. Um elogio abre o coração e cria empatia.

Passo 2 – Retomar pendências discutidas em reunião anterior e que ainda não foram sanadas.

Passo 3 – Abrir espaço para o colaborador dar a sua versão para a continuidade das pendências.

Passo 4 – Restabelecer o compromisso e, se necessário, oferecer-se como facilitador

Passo 5 – Apontar **novos** pontos de não conformidade observados no período entre esta oportunidade e a oportunidade anterior.

77

Passo 6 – Dialogar com o colaborador, ouvindo, analisando e julgando criticamente as suas propostas de solução dos pontos de não conformidade. Se necessário, apresentar alternativas de solução.

Passo 7 – Estabelecer as obrigações/compromissos de cada parte na implementação das soluções negociadas.

C) ENCERRAMENTO:

Passo 1 – Anotar o que foi discutido e acordado durante **O PEDESTAL**.

Passo 2 – Assinar e colher assinatura do colaborador nas anotações.

Passo 3 – Marcar, preferencialmente por acordo, a data da próxima oportunidade.

Passo 4 – Líder e liderado recebem uma via deste "documento" assinado.

Segundo paradigma: O líder não comanda. Conduz.

O poder da liderança não é um poder de mando. É muito mais. É o poder de facilitar, educar, motivar, articular e coordenar. Em síntese, conduzir.

Não cabe ao líder comandar e sim, conduzir.

Os resultados – e as metas – são alcançados graças à sua habilidade, à sua influência e à sua disposição para traçar – e abrir – os caminhos que levam os liderados a, *dando o melhor de si*, realizarem as suas tarefas de forma a contribuir para o sucesso da equipe.

Quando o líder se coloca como condutor, ele tem "papéis":

- Ele é educador, na medida em que "traduz" para o colaborador os objetivos empresariais e a contribuição de cada tarefa individual para o alcance de resultados globais;

- Ele é observador, na medida em que delega atividades compatíveis com a competência (conhecimento, informações e habilidades) de cada colaborador;

- Ele é moderador na medida em que administra as tensões e o equilíbrio da equipe, harmonizando as diferenças e as habilidades individuais;

_ Ele é motivador na medida em que interfere no "gerenciamento do projeto" em suas fases intermediárias de forma a mantê-lo eficiente, eficaz e efetivo;

- Ele é agregador na medida em que toma para si a responsabilidade de manter o quadro de colaboradores **operando como equipe e não como grupo ou time.**

Na relação com colaboradores deve-se reduzir progressivamente o tempo em comunicar como fazer e aumentar o tempo – consideravelmente – para estimulá-lo a "querer fazer". E reservar - combinar - um tempo - espaço – para se disponibilizar a remover obstáculos que

79

ele encontra para realizar a missão delegada. Comunique o resultado esperado. Isto é fundamental.

Quando o líder perde tempo ensinando o "como" atingir resultados ele comete dois pecados:

* Toma para si a responsabilidade quando algo não funcionar porque o colaborador acomoda-se no que foi ensinado. Concentra-se no método e não no resultado;

* Cerceia a criatividade e o entusiasmo do colaborador, o que reduz a sua motivação.

Portanto, na gestão de equipes é aconselhável ter parâmetros na distribuição do tempo de comunicação – delegação – de tarefas. Por exemplo, 30% para orientar, 60% para motivar e 20% para remover obstáculos (facilitar). E, obviamente, pode-se variar – um pouco - estes tempos de acordo com o binômio complexidade x competências do colaborador.

Liderar não é ensinar. É motivar e facilitar.

Terceiro paradigma: O líder não alcança esta posição. Ele escolhe esta situação.

A liderança é uma escolha pessoal. Não é outorga nem conquista.

Ao aceitar o desafio de liderar a pessoa faz uma escolha pessoal, como tantas outras que faz ao longo da vida. E esta escolha passa a moldar a sua atuação empresarial. É uma agregação de novas responsabilidades e também de novas competências àquelas que você já tinha, ou já acumulara no seu passado profissional.

A nenhum líder é facultado reclamar da sua posição de liderança. Quando o cargo lhe foi oferecido a escolha foi dele. Aceitar ou rejeitar. Não há meio termo nesta decisão.

Lembre-se que o sucesso na liderança nunca é pessoal. Seu sucesso agora se confunde com o sucesso da sua equipe. Então você troca a vaidade pessoal pela vaidade de cada elemento da sua equipe. E um líder de verdade se realiza desta maneira. Ele prefere não aparecer, mas o seu trabalho acaba sendo observado e reconhecido, seja pela alta gestão, seja pelos "stakeholders", seja pelos clientes.

Lembre-se: O reconhecimento do líder acontece no longo prazo, tanto na bonança como na crise.

<u>Quarto paradigma: O líder não centraliza. Confia e delega.</u>

O líder confia, porque sem confiança é impossível delegar.

E confiar é acreditar que as pessoas são honestas, justas e capazes, até prova em contrário. O que se observa nas relações pessoais, costuma ser o contrário desta máxima.

Mas é preciso internalizar – no nosso exercício de liderança – que todo colaborador é capaz, pelo menos até que ele nos prove definitivamente que não é.

Caso você tenha dúvidas, passe a utilizar no seu dia a dia de atuação como líder uma nova ferramenta conhecida como "*Liderança Situacional*".

Esta ferramenta trata da atuação em liderança dentro do espírito que temos desenvolvido aqui.

Ela reconhece a individualidade de cada colaborador e caracteriza o potencial individual a partir do binômio:

TAREFAS X MOTIVAÇÃO.

É um trabalho contínuo do líder. Começa na formação da equipe e continua na observação destes dois parâmetros durante todo o desenvolvimento da relação entre líder e liderado.

Cuidado para não rotular os colaboradores. Tipifique-os segundo os momentos circunstanciais e conjunturais da empresa, respeitando as características pessoais e circunstanciais de cada um deles.

O trabalho consiste em tipificar – *NÃO ROTULAR* - cada colaborador da equipe segundo os seguintes grupos:

Liderança Situacional			
Colaborador	Tarefa	Motivação	Ação

Antonio	DO	TE	DELEGAR
Maria	NDO	TE	TREINAR
José	DO	NTE	DESAFIAR
Pedro	NDO	NTE	DESCARTAR

DO = Domina / NDO = Não domina.

TE = Tem / NTE = Não tem.

Tenha um cuidado especial para não rotular os colaboradores. O rótulo é como uma "chaga" que marca uma pessoa como algo indelével. Evite isto. Só aceite o rótulo em último caso. Por exemplo, no caso do Pedro.

Tipifique-os segundo os momentos circunstanciais e conjunturais da empresa, respeitando as características pessoais e circunstanciais de cada um deles.

Lembre-se que o líder não é psicólogo, mas é observador. Não cabe mudar as pessoas, *até porque a porta da mudança pessoal é trancada por dentro*. Só a própria pessoa tem a chave para abri-la. Mas, o sucesso da equipe está na colaboração individual e cabe ao líder conhecer e extrair de cada um todo o potencial que eles têm para oferecer e até onde estão dispostos a isto.

Isto mostra que a liderança é, acima de tudo, um processo de construir relações. E bons relacionamentos são pautados pela mútua admiração.

Em outro capítulo tratamos a relação entre lideres e liderados como uma relação de amor. Claro que não nos referimos à idéia romântica do amor, mas ao comportamento amoroso que deve pautar todas as relações humanas. Uma relação de interesse genuíno pelo bem estar do nosso parceiro, qualquer que seja o nosso desafio coletivo.

O líder sabe – ou deve saber – que cada colaborador tem suas características pessoais. Não lhe cabe modificá-las, mas potencializá-las dentro da sua equipe.

Quinto paradigma: O líder é a causa. A equipe é a conseqüência.

A relação de causa e conseqüência é muito debatida, mas pouco praticada, porque a nossa cultura ainda não aprendeu a identificá-la de forma ordenada. A discussão sobre quem nasceu primeiro – o ovo ou a galinha – é freqüentemente invocada para que se fuja da necessidade de gerar um pensamento racional e ordenado nas relações pessoais. Mas, se isto pode ser verdadeiro nas relações sociais, não pode - de forma nenhuma - pautar a discussão onde os papéis são bem definidos. Este é o caso da relação de liderança.

É a equipe – e não o líder – que se destaca. Nas grandes realizações da empresa de sucesso, o líder nem sempre é destacado. Todos os méritos do cumprimento das metas e do alcance de objetivos são creditados à equipe. E é esta realização que dá ao líder a satisfação – muitas vezes solitária – do cumprimento de sua função. Mas, não há dúvida de que a organização vai reconhecer a sua extrema importância como condutor, facilitador, agregador, treinador e realizador.

O líder não é o craque, nem o gênio da equipe. Este papel é delegado a um ou algum dos colaboradores que tenha as competências adequadas, em cada etapa do processo.

Até porque isto é motivador da saudável competição individual dentro da equipe, na exata medida em que o líder sabe motivá-los, convidando a cada colaborador para "dar o melhor de si" e a se superarem sempre. Auto-estima e auto-confiança sempre movem os seres humanos na direção de grandes realizações pessoais e coletivas.

Por isto, o bom líder não se preocupa com promoção pessoal. Nos resultados da equipe a organização percebe o seu trabalho. Sabe reconhecer que, sem ele, as coisas não acontecem.

A empresa é um sistema que prescinde de resultados, os quais devem ser alcançados pela ação das pessoas. E por isto mesmo – por uma necessidade de distribuição dos encargos/compromissos/tarefas – as organizações se estruturam por equipes. E cada equipe contribui com o seu potencial para o alcance de objetivos intermediários que, orientados por uma mesma visão – e sendo sinérgicos – vão conduzir a empresa è sustentabilidade, a qual é um bem para todos: Proprietários, Gerentes e Colaboradores.

Ratificando, não é o líder quem alcança os objetivos. É a sua equipe. Mas para atingi-los, a equipe espera que o líder cumpra o seu papel, qual seja o de comunicador eficaz (dos objetivos e de sua importância estratégica), de organizador do potencial da equipe, de distribuidor de tarefas segundo os potenciais individuais, de facilitador e removedor de obstáculos durante a execução, de mantenedor da carga motivacional e, finalmente da valorização do trabalho da equipe na entrega dos resultados esperados.

Comemorar em equipe é muito mais gratificante do que individualmente.

Sexto paradigma: O líder é gerador de novos lideres.

Quando assistimos a um concerto de orquestra – sinfônica ou filarmônica; clássica ou popular – é muito interessante observarmos, ao final do espetáculo, a reverência dos músicos ao seu maestro e, de outro lado, a reverência do maestro a determinados integrantes do elenco. Estes são em geral, o primeiro violino, o primeiro metal, o pianista, o principal percussionista e assim por diante.

O que temos ali é um reconhecimento da relação criada nos ensaios quando o maestro identifica esta liderança e a desenvolve de forma a que este elemento do elenco seja a força motriz do conjunto de instrumentos que ele **lidera**. E , quando cada um dos "primeiros instrumentistas" executa com *crença, **paixão** e **vontade*** o seu instrumento, ele como que conduz o grupo a fazer o mesmo.

O resultado é uma harmonização de cada grupo instrumental transformando a peça numa maravilhosa sinfonia.

O que faz o maestro é o que o líder deve fazer. É identificar na sua equipe aqueles com potencial de liderança, motivá-los e estimulá-los a assumirem a condução do seu time.

É preciso crer no desenvolvimento e na aptidão de alguns dos seus colaboradores para se transformarem em novas lideranças. A empresa que evolui positivamente vai gerar novas necessidades de liderança, seja pela expansão do seu mercado, seja pela diversificação de negócios, seja pela busca de novas oportunidades. E, muitas vezes as organizações ficam limitadas pela falta de liderança para ampliar seus horizontes ou pela dificuldade de deslocar algumas lideranças por incapacidade de substituí-las. Com isto fica prejudicada a organização, os lideres atuais e os lideres futuros.

Uma empresa de sucesso sempre terá à sua disposição recursos humanos capazes de enfrentar novos desafios.

Sétimo paradigma: O líder NÃO é vítima do tempo.

"Não tenho tempo pra nada. Estou sobrecarregado. Quase não vejo minha família".

Esta afirmativa – verdadeira – é muito comum entre os responsáveis por equipes. Ele é - ou se vê - como uma *"vítima"* do tempo (ou da falta dele). Não tem um minuto sequer para:

PLANEJAR, ORGANIZAR, MONITORAR E AVALIAR.

E, PASMEM, ESTAS SÃO AS FUNÇÕES BÁSICAS DO GERENCIAMENTO. É O QUE O LIDER DEVERIA FAZER. SÃO OS PILARES DE SUSTENTAÇÃO DE UMA BOA ATUAÇÃO NA LIDERANÇA.

Daí alertarmos para o fato de que, de forma alguma, o líder pode aceitar a hipótese de ser vítima do tempo.

A dimensão do dia é efetivamente, um fenômeno geográfico. Depende da movimentação da Terra em torno de si mesma e em torno do sol. *A ação humana, infelizmente, não tem como interferir nisto.*

Então, o que nos cabe, é aperfeiçoar o uso do nosso tempo.

E o segredo para isto é aprendermos a eleger prioridades. Gerente voltado para resultados é administrador de equipes, tem foco e sabe como eleger prioridades.

A primeira regra é *"fazer de cada dia a sua obra prima"*.

Isto significa atuar, em cada dia, nas decisões e realizações que realmente valham a pena. Dar importância ao relevante, àquilo que realmente vai acrescentar valor na busca dos resultados e metas pré- estabelecidas. Não importa quão fácil ou difícil seja. Uma vez eleita como prioritária a execução tem de ser garantida. Senão, não se pode passar adiante. Quando se deixa uma tarefa relevante pelo caminho – ainda que seja por "alguns segundinhos para dar atenção a um pequeno probleminha" – a sua retomada mais tarde sempre vai significar desgaste e duplicação de esforços.

O segredo para eleger e respeitar prioridades é o **PLANEJAMENTO**.

O planejamento de atividades deve ser mensal e aberto por semanas. É preciso listar todas as atividades, eleger as relevantes e, a seguir, eleger as prioritárias, não em função do tempo, mas em função de sua relevância. De modo geral, as atividades mais importantes são as mais difíceis e por isto mesmo, vão absorver mais tempo. Muitas vezes é necessário particioná-las, dedicando-lhe, para cada etapa, uma parte do dia. O que não significa que o foco sobre ela seja abandonado.

O critério de relevância não é subjetivo. Ele prescinde da análise daquilo que - por consenso ou decisão - é relevante para a organização.

Muita gente perde um tempo precioso com pequenas decisões. Coisas que podem ser resolvidas por colaboradores. Basta que eles tenham autonomia e competência para isto. Estas duas coisas são conseguidas quando o líder conhece bem os seus colaboradores e desenvolve neles – ou para eles – a competência e a automotivação para que eles absorvam aquelas tarefas. Isto tem a ver com O PEDESTAL e com a capacidade de delegar.

O segundo aspecto do planejamento é deixar de dar relevância a inutilidades. E-mails, consultas on- line e telefonemas devem ter horários e agendas especificadas. E isto se consegue com decisão, coragem e revisão de **hábitos pessoais**. Boa parte do tempo desperdiçado pelas pessoas tem origem na manutenção de paradigmas ultrapassados, os quais geraram hábitos que precisam ser substituídos. Novos hábitos frequentemente criam oportunidades de otimização do tempo.

O terceiro aspecto é a presença em reuniões. Sempre que a pauta – previamente estabelecida – assim o permitir, mande um representante. Caso contrário, programe-se e se policie para otimizar a sua atuação e o seu tempo. Reuniões de negócios nãos são - como reuniões de condomínio – espaços para reclamações, lamúrias, auto-elogios e críticas. São objetivas, sucintas e devem apresentar resultados. E, lembrem-se, reuniões com colaboradores NÃO são espaços para adequação de pontos de não conformidade – que devem ser realizadas individualmente – mas apenas para comunicação de metas e de alcance de objetivos.

O quarto aspecto é comportamental. Muitas pessoas se auto-valorizam ao comunicar a sua "absoluta falta de tempo". Isto pode até ser verdadeiro, mas nas organizações, é improdutivo. Esta auto-valorização jamais conduzirá a equipe – ou a organização – aos resultados esperados. No máximo, o líder será admirado por sua dedicação ou por sua aparente posição social. Mas quando a organização entrar em declínio, ele perderá, inclusive, o seu "status" social.

O quinto aspecto diz respeito a hábitos.

Uma boa descoberta para a administração do tempo é a atenção aos hábitos.

Frequentemente a adoção de outros hábitos ou a substituição de hábitos antigos por novos é um elemento poderoso para aproveitar e otimizar o tempo do líder.

Mas, para a promoção desta mudança é necessário ter em mente que o sucesso nesta empreitada depende de revisões de atitudes e de comportamento.

Por exemplo: É comum percebermos pessoas que perdem seu tempo procurando por artefatos, dados e informações que fazem – ou deveriam fazer – parte da sua rotina. Isto acontece pela falta do hábito de ter uma rotina organizada, onde cada "coisa tem o seu lugar". Praticando isto, ao invés de se preocupar com "onde deixei certa coisa", a preocupação passa a ser com "qual o lugar de cada coisa". A vantagem é que esta última só se decora uma vez ao passo que a primeira requer a memória continuamente. E isto – o uso intensivo, sistemático e desorganizado da memória – gera ansiedade, distorção de foco e trabalho em duplicidade.

Um comportamento saudável e otimizado do tempo se apóia nos seguintes hábitos:

• Concentrar-se exclusivamente na atividade em curso;
• Fazer uma coisa de cada vez;
• Disciplinar a mente, educando-a para utilizar "cada minuto do dia" de forma exclusiva e com atenção concentrada.

A disciplina e o foco na atividade evitam a dispersão. E o treino em mentalizar a obrigação de dedicação integral em cada minuto nos chama de volta quando a dispersão nos ataca.

Mas é importante ressaltar que este comportamento não vai gerar indivíduos automatizados. Pelo contrário, ao otimizar o tempo, explorando em sua plena capacidade "cada minuto do dia" e "um minuto de cada vez", começa-se a perceber que a produtividade da liderança aumenta e que "outros minutos" vão começar a aparecer para o exercício de outras atividades. E ao final de uma semana – ou de um mês, ou de um ano – **"sobrará tempo e faltará atividade"**. Este é o momento reservado para "não se fazer nada". E tem de ser um "**nada**" absoluto. Plenamente aproveitado na sua ociosidade.

Pois, para o líder, os momentos inativos são tão – senão mais – importantes do que os momentos ativos. Porque são dedicados à reflexão e identificação de oportunidades. Ao limpar a sua mente ele estará mais perspicaz para descobrir novos desafios identificar novos nichos de atuação e aprimorar a equipe e a organização.

Uma mente livre, sempre produz as melhores idéias.

Dois lembretes para estimular e aproveitar o tempo:

1) O ócio é criativo;
2) Quem nega o ócio pode prejudicar o negócio.

Oitavo paradigma: O líder NÃO tem problemas. Tem desafios.

Este paradigma tem muito do anterior.

Problemas consomem, inutilmente, tempo demasiados e inócuos. São analisados, requerem perguntas e respostas, investigam possíveis erros do passado e seus respectivos responsáveis, buscam – e exprimem – justificativas e mais uma série de procedimentos que nada acrescentam em termos de valor na busca das metas e resultados. Pelo contrário, além de tirar o foco da questão ainda leva a conflitos, insatisfações, tensões, frustrações e desânimos. Gasta esforços e cria animosidades.

Desafios, por outro lado, são pró-ativos por natureza. Estimulam a criatividade e a superação. Partem do presente e buscam construir o futuro. E neste exercício exigem idéias, responsabilidades e planejamento de ações futuras. São motivadores e agregadores dos membros da equipe, por serem fruto de uma construção coletiva.

A pergunta coletiva é:

> *"Já que estamos aqui – e nesta situação – o que devemos fazer para chegarmos onde queremos?"*

E, a partir das respostas, começam os processos de construção.

É mais simples, mais rápido e muito mais barato porque elimina a fase de análise do passado.

Os desafios precisam ser vencidos por uma razão muito simples:

Os resultados precisam ser alcançados.

O bom líder não desperdiça tempo ou recursos com análise do passado, que não agrega valor. A não ser que seja bom. Se for, copie. Se for ruim, esqueça. Não justifique problemas. Aniste-os, apagando-os da sua memória.

> **Concentre-se no futuro.**

Nono paradigma: O líder não é "bonzinho", nem "durão". É equilibrado.

O desafio do líder é construir relações. Ser otimista sempre, comunicar – e reiterar - a sua confiança na equipe. Interferir apenas quando necessário e certificar-se de fazê-lo pró - ativamente. A melhor maneira de conseguir motivação nas interferências pró-ativas é começar com elogios. Todas as pessoas se abrem às críticas quando elas começam por elogios. Isto quebra resistências, abre espaços para diálogos e facilita a sinergia.

Entretanto, não confunda gentileza e compreensão com complacência.

Com efeito, compreender e acolher os limites do outro não se confunde com leniência. O líder não se esquiva ante a necessidade do conflito. Ele é o profissional, em última instância, responsável por cumprir metas e alcançar resultados. E por isto comunica, assertivamente, o que precisa ser alcançado e também as ameaças e riscos pela ineficácia no trabalho do colaborador. È precisa respeitar o empregado e, preferencialmente, estimulá-lo. Mas nunca "passando a mão na cabeça". Lembre-se que se você ficar "passando a mão na cabeça" do mau empregado, você mesmo o está impedindo – fisicamente – de crescer.

A expressão que resume isto é:

"Gentileza, para desarmar os espíritos e assertividade para manter a rota."

E, por fim, parafraseando Che Guevara:

"Há momentos em que é preciso ser duro, mas sem perder a gentileza jamais".

Décimo paradigma: Recado dos colaboradores:"A gente não quer só comida".

O líder de sucesso sabe interpretar e valorizar as necessidades humanas. Se necessário, recorra, novamente, a Abraham Maslow e à sua "Hierarquia das Necessidades Humanas". Vamos repeti-las:

Auto-Realização	**(Crescimento Pessoal/ Superação)**
Auto-Estima	**(Orgulho Pessoal/ Realização)**
Pertencimento	**(Ser importante/interativo no Grupo)**
Segurança/Proteção	**(Manter-se em um status social)**
Comida, Água, Moradia.	**(Necessidades Básicas/Subsistência)**

Elas representam bem a complexidade do ser humano e rompem com a idéia de que a valorização profissional se restringe à remuneração material. Mostram também que o indivíduo precisa, além da remuneração, de um bom "clima organizacional", de

96

certa segurança da organização, de orgulho pela imagem da empresa e de sua participação na construção dela e, por fim, na própria capacidade de superar-se frente a desafios que lhe são oferecidos.

Isto tudo completa o **binômio: tarefa X motivação**.

É preciso que o empregado tenha uma remuneração que lhe permita garantir a subsistência e o status social. Mas ele também valoriza o clima organizacional, a sua situação no grupo social (na empresa) e aquilo que poderíamos chamar de "alimento do ego". Um ego saudável é imperativo na realização das tarefas e na confiança do que podemos realizar.

Os modernos sistemas de valorização do profissional estão evoluindo para uma remuneração mista, na qual o colaborador tem certa garantia básica – e um pacote de benefícios - que atende os dois primeiros requisitos da escala de Maslow, complementados por prêmios de reconhecimento – e pecuniários – pelo alcance e superação de desafios, visando a satisfação dos outros três objetivos individuais.

Quando isto acontece o colaborador, além de receber o prêmio material, sente-se especial pela contribuição dada e, mais ainda, estimulado a enfrentar novos desafios a fim de provar a sua capacidade de superação. E o fato de ser destacado, receber, acompanhar e participar dos resultados da empresa aproxima-o do seu reconhecimento como um profissional qualificado na estrutura empresarial.

O indivíduo cresce profissionalmente, recebe o reconhecimento e, pessoalmente, potencializa a sua auto-estima. Qualquer ser humano sabe dar valor a isto.

A prática da remuneração de equipes por superação de desafios e por alcance de objetivos tem caracterizado a maioria das empresas que, em termos de valorização no mercado, são as mais atrativas tanto para investidores, quanto para os talentos humanos vencedores.

Capítulo 10: EMPREENDEDORISMO E LIDERANÇA:

EMPREENDER E LIDERAR: ARTE OU CIÊNCIA?

O espírito aventureiro do empreendedor pode ser compreendido como a arte de transformar a incerteza em experiência vivenciada. E daí extrair benefícios, anular ameaças e superar desafios. É um processo contínuo de aprendizado no sentido de substituir adversidades por oportunidades.

O espírito aventureiro é – ou deve ser – antes de tudo, LIVRE!

Livre para ousar, para experimentar, para tentar e para se superar. Mas, nesta aventura, - como de resto em qualquer outra – não se entra totalmente despreparado.

É aí que entra a ciência. A teoria. E, ao contrário do que possa parecer, a Teoria da Gestão Empresarial nada mais é do que a prática observada nas diversas organizações que, consolidadas, organizadas e analisadas acabam por tomar corpo. É o que chamamos por Corpo de Teoria.

É aliando teoria e prática que o empreendedor lider conduz o seu empreendimento. Uma sem a outra, pode dar certo, mas também, pode levar ao fracasso. Por isto, não se deve excluir nenhuma delas.

Todo empreendedor, interno ou externo, sabe – ou deveria saber – antes de entrar no negócio ou desafio que é necessário dominar algumas informações, tais como a dimensão e localização do mercado, a tecnologia (incluindo máquinas e equipamentos) de produção do seu produto ou serviço, a localização dos fornecedores de insumos necessários, o tipo de mão de obra necessário, o clima organizacional, etc.

Mas, o que alguns relevam – e se esquecem – é que a continuidade da produção e do sucesso prescinde de ferramentas sempre renovadas. E não só na tecnologia voltada à produção, mas em todos os campos da gestão!

O ato de empreender -, assim como o ato de produzir arte - sempre requer atualização de conhecimento de ferramentas, as quais, via de regra, são produzidas pela ciência.

Quando digo "ferramentas" não me refiro apenas à parte mecânica – ou digital -, mas também à geração de recursos financeiros, à capacitação de gestores, gerentes e empregados, à observação das mudanças econômicas, sociais e políticas, à diversificação e aparecimento de novos mercados, às oportunidades de oferta de novos produtos e serviços, à observação da concorrência, etc.

E, por mais preparado que esteja, o empreendedor, como o artista, sempre vai se ver frente à frente com a incerteza!

E é neste momento que o espírito aventureiro – muitas vezes artístico – do empreendedor, vai fazer a diferença.

Frente a todas às possibilidades de mudanças – vale sempre lembrar que só existem duas fatalidades na vida: a morte e a mudança – o grande desafio empresarial é prevê-las e antecipar-se a elas.

Diz o dito popular que *"quem vai à frente, bebe a água limpa"*.

Isto é particularmente verdadeiro no mercado competitivo.

Existem três tipos de empreendedores:

- **O pró-ativo, aquele que convive bem com a incerteza, tem espírito aventureiro e não tem medo de experimentar;**
- **O reativo, aquele que é mais cauteloso e só se movimenta depois de observar as experiências que deram certo ou errado;**
- **O reacionário, que é muito conservador e prefere a sua zona de conforto, construída a duras penas.**

Isto não significa que o perfil seja estático. Ele também pode mudar. É só uma questão de vontade, motivação, treinamento atitudinal ou comportamental, e quebra de paradigmas.

E vale ainda comentar que um empreendimento preso a paradigmas tais como, a dependência de clientes, a acomodação a um nicho de mercado, ao sucesso do passado, a preconceitos antiquados, ao apego excessivo pelo seu produto ou serviço, a vaidade pessoal, à especialização do quadro de colaboradores, à parceria dos fornecedores, retira do empreendedor a maior qualidade empreendedora: **A SUA LIBERDADE.**

Um empreendedor que não seja livre – de paradigmas e de preconceitos - terá dificuldade em conduzir o seu negócio adaptando-o, a tempo e a hora, às mudanças econômicas, sociais, tecnológicas e políticas sempre presentes no mercado competitivo.

Mas, para ser LIVRE é preciso atentar para algumas características empreendedoras:

- Combinar independência e autoconfiança, mas sem arrogância ou vaidade;
- Observar, compreender e entender o "Mercado". Mercado é o conjunto de pessoas – físicas ou jurídicas – que buscam satisfazer necessidades e desejos que o empreendimento é capaz de prover. Esta visão expande a capacidade de **OFERTA** da empresa. E, de outro lado, mercado também é o conjunto de recursos necessários **demandados**

pela empresa para ser capaz de prover a solução para os desejos e necessidades dos potenciais consumidores. Da mesma forma, esta visão expande a observação da **DEMANDA**, uma vez que passa por necessidades de recursos humanos, materiais, financeiros e tecnológicos. Portanto, **MERCADO** – retomando e ampliando a ótica tradicional – remete à OFERTA e à DEMANDA, mas vistos – ambos – sob a ótica da satisfação de desejos e necessidades – **oferta** – e da busca de recursos – **demanda** – para satisfazer aquelas necessidades e desejos e, com isto, manter-se na liderança do segmento. O mercado visto com esta amplitude é um campo de oportunidades e ameaças e, portanto, precisa ser "lido" sistematicamente;

- CRENÇA, PAIXÃO E VONTADE de prover sempre o máximo de qualidade, sempre tendo em vista o **FOCO DO CLIENTE**, tornando o produto ou serviço ofertado algo que, efetivamente, agregue valor para ele (cliente);

- Planejar, estabelecer metas e monitorar resultados intermediários e objetivos finais, usando indicadores. Aqui a ciência de planejamento e de finanças será de grande valia;

- Familiarizar-se como hábito de correr riscos, fazendo experimentos combinados com uma prévia busca de informações relevantes, válidas e úteis;

- Comprometimento, persistência e foco permanente em inovações, seja em produtos, seja em serviços agregados, seja em processo produtivos, seja em tecnologias avançadas, seja nas relações institucionais (colaboradores e parceiros);
- Ampliar e manter a rede de contatos para troca de informações, pesquisas – formais ou informais - com clientes e atualização em relação às oportunidades de mudanças.

Portanto, uma boa combinação de arte e ciência será uma boa aliada na condução dos negócios rumo ao sucesso e à sustentabilidade.

Epílogo: RUMO À EXCELÊNCIA EMPRESARIAL:

Finalmente, não poderíamos deixar de mencionar as prioridades da organização, que devem ser objeto de atenção focada de suas lideranças.

O objetivo de uma organização moderna é proporcionar - e antecipar - ao mercado de clientes SOLUÇÕES para os seus desejos e necessidades, a custos atraentes, utilizando recursos materiais de qualidade e recursos humanos competentes, motivados e bem informados, gerando resultados econômicos, financeiros e ambientais que garantam a sustentabilidade da organização e o seu reconhecimento nas comunidades onde atua.

OS SETE PILARES DO DESEMPENHO EMPRESARIAL

O que move as empresas na direção do sucesso?

Claro que não adianta se fixar exclusivamente em metas econômicas e/ou financeiras – muito embora toda e qualquer organização de propósito econômico necessite ter por objetivo a geração de resultados positivos como forma de garantir a sua sustentabilidade nos mercados competitivos – uma vez que a empresa é muito mais complexa.

Com efeito, uma organização empresarial é um conjunto de interações entre recursos – humanos, materiais, financeiros - e mercados (clientes e parceiros) e cada um destes elementos concorre para o sucesso empresarial e sua excelência.

Assim sendo, o papel do gestor é muito mais complexo do que a mera função empresarial de gerar resultados. Sua "expertise" na condução do negócio transcende o surrado **"trinômio**: comprar bem, produzir com baixo custo e vender com boa margem".

Esta forma de conduzir a organização é necessária, mas não é suficiente.

A empresa competitiva se apóia em processos e atitudes que aprendem rapidamente a criar **sinergia** entre os elementos citados, de forma a otimizar recursos e maximizar resultados não apenas no curto, mas, principalmente, no longo prazo. A idéia de excelência a que nos referimos no título está ligada à liderança em mercados, à permanência (sustentabilidade) no segmento, à fidelidade dos clientes e ampliação da carteira, à oferta imediata daquilo que o mercado demanda, ao reconhecimento da marca e à qualidade dos produtos/serviços.

Observando muitas empresas, de pequeno e médio porte, algumas de suas características - boas ou más – nos permitiram elencar o que chamamos de "Os sete pilares do desempenho empresarial". Alguns deles estão presentes em muitas empresas, mas é raro observarmos todos, ao mesmo tempo, numa só empresa.

Os autores americanos – que freqüentemente recebem bons subsídios econômicos para pesquisas de negócios – também nos ajudam a refletir sobre este sete pilares. Afinal, o trabalho do consultor empresarial é buscar os pilares de sustentação adequados às organizações. Daí a nossa decisão de reuni-los, compactá-los e publicá-los como subsídios para a condução dos negócios empresariais.

PILAR Nº 1: LIQUIDEZ

A liquidez diz respeito à capacidade financeira de liquidar todos os compromissos no vencimento. A empresa estruturada não corre risco de ficar inadimplente e nem tampouco de não ter recursos para pagar seus fornecedores, seus empregados, seus impostos ou seus investimentos. Preventivamente a organização deverá ter provimento de $1,00 (uma unidade monetária) disponível para cada $1,00 de contas a pagar. A melhor maneira de controlar a liquidez é elaborando sistematicamente o seu fluxo de caixa futuro, onde deverão estar registrados todos os valores de contas a pagar e a receber. Importante lembrar que a empresa tem dinamismo. Ela não é estática. Logo, é necessário fazer uma reflexão sobre o futuro e tentar antecipar as ações e decisões que afetarão a sua liquidez futura. Estas ações estão sempre ligadas às previsões de vendas e compras que irão ocorrer e não apenas àquelas decisões de compras e vendas que já foram tomadas no passado.

O fluxo de caixa deve ser um instrumento sistemático de uso do gerente e do gestor. Ele deve ser ainda, um instrumento "enxuto", isto é, com um mínimo de informações relevantes, válidas e úteis (detalhes devem estar guardados em planilhas ou controles auxiliares) de tal forma que seja possível visualizar, em um quadro resumo, o saldo inicial de disponibilidades, os recebimentos esperados (destacando apenas os principais), os pagamentos previstos (destacando apenas os principais) e o saldo ao final do período. E deve ainda abranger um período de tempo suficiente para que se possam tomar decisões sobre a liquidez com antecedência. Em geral, sugerimos um fluxo de caixa semanal abrangendo, pelo menos, previsões para oito semanas. E, o mais importante, refeito semanalmente incorporando novas informações e previsões. Nos casos em que haja previsões de projetos de investimentos de longo prazo o ideal é fazer uma previsão anual com colunas mensais. Este instrumento precisa ser conhecido por qualquer gerente, independentemente da área onde atua.

Há um segundo instrumento a observar na Gestão da Liquidez. Ele diz respeito à administração da Necessidade de Capital de Giro (NCG).

Todos sabem que para dar seguimento às ações operacionais (compras, produção e vendas) é preciso

108

disponibilizar recursos financeiros, uma vez que compras e produção antecedem as vendas. Assim sendo, por um determinado período, a empresa precisa "bancar" gastos para, depois de realizadas as vendas, efetuar os respectivos recebimentos. E este processo é cíclico, ou seja, tem inicio, meio e fim e se repete periodicamente. Para gerenciar a NCG é preciso administrar muito bem os prazos de entrada e saída de recursos financeiros.

Referimo-nos, portanto, aos prazos ofertados pelos fornecedores parceiros, aos prazos dados aos clientes, aos prazos de fabricação e aos prazos em que os produtos ficam à disposição, aguardando as vendas.

Os prazos dados pelos fornecedores e os prazos oferecidos aos clientes determinam, respectivamente, as datas de saídas e entradas de recursos financeiros. Por isto influenciam o "Ciclo Financeiro" da empresa.

Já os prazos de produção e os prazos de estocagem influenciam o "Ciclo Operacional", ou "Ciclo Econômico".

Durante o ciclo econômico e o prazo dado a clientes, a empresa "banca" recursos financeiros. Por outro lado, durante o prazo dado pelos fornecedores parceiros, ela recebe "ajuda" para bancá-los, uma vez que trabalha com os insumos antes de quitar a dívida com eles. Cronogramar, administrar, monitorar e compatibilizar estes prazos e os valores envolvidos ajuda muito a garantir a liquidez da organização.

PILAR Nº 2: GIRO DO INVESTIMENTO

Este pilar é um indicador. Ele , quando apurado, indica quantas unidades monetárias ($) são geradas pelas vendas para cada unidade monetária ($) investida – em equipamentos, imóveis, veículos, estoques, contas a receber e folga de liquidez (caixa) – na organização. E como todo indicador, é calculado através de uma fórmula:

GIRO = Receita de Vendas / Ativo Operacional

A empresa que busca a excelência deve administrar o Giro do Investimento levando em conta que:

- A decisão de adquirir Ativos não pode estar dissociada do seu potencial de gerar novas receitas;
- Abertura de filiais deve ser precedida de uma análise do potencial de mercado;
- As ações de Marketing (Investimentos) são sempre direcionadas para ampliação do "Market Share" – fatia do mercado – ou do "Costumer Share" – fatia do orçamento do cliente-;
- Gigantismo da organização não é sinônimo de prosperidade no negócio;
- Aquisição de imóvel aumenta a propriedade mas reduz o Giro;
- Estoques de baixa rotatividade reduzem o GIRO;

- Prazos muito longos a clientes, ainda que aumentem as vendas, reduzem o GIRO;
- Reduções de preços para desovar estoques têm efeito nulo sobre o GIRO;
- Vendedores motivados aumentam as vendas e, em conseqüência, o GIRO;
- Estratificação de clientes e de produtos aumentam as vendas sem pressionar os investimentos e portanto aumentam o GIRO.

PILAR Nº 3: LUCRATIVIDADE:

Todo empresário sabe que o lucro é o objetivo mais importante da organização. É o que lhe garante a sobrevivência e a sustentabilidade. E todos entendem que o lucro é um resultado entre aquilo que entrou e aquilo que saiu. Mas poucos empresários sabem o que é **LUCRATIVIDADE**.

Para começar a nossa reflexão a respeito, precisamos antes, compreender que os números da organização nos oferecem **leituras** em duas **"linguagens"** diferentes.

Quando tratamos de recebimentos das vendas efetuadas ou de pagamentos realizados – impostos, fornecedores, salários, investimentos e outros – estamos falando na linguagem de CAIXA. Os especialistas em finanças chamam isto de **"Regime de Caixa"**., no qual os valores refletem apenas os movimentos de Entradas e

111

Saídas de recursos financeiros ($) que trafegam pela empresa ou pela suas contas bancárias. Esta linguagem, como não poderia deixar de ser, é importantíssima. É com ela que os empresários contam para administrar a **LIQUIDEZ** - pilar ao qual já nos referimos no primeiro tópico – que compreende a capacidade de quitar as dívidas no vencimento, planejar e decidir os seus investimentos e as suas apropriações e usos dos lucros.

Mas, é outra **"linguagem"** que informa se estes lucros realmente existem.

Referimo-nos à linguagem que registra os fatos administrativos, econômicos e financeiros, os quais refletem direitos e obrigações assumidas pela empresa.

É com esta linguagem que vamos "ler" os números que nos informam sobre a LUCRATIVIDADE, porque ela os registra no momento em que o empresário toma decisões. E, por estes registros, é que podemos avaliar os impactos das ações e decisões administrativas sobre os lucros da organização.

Esta linguagem é definida pelos especialistas em finanças como **"Regime de Competência"**.

A principal diferença entre estes dois **Regimes** é temporal. O regime de caixa nada mais é do que a realização financeira do regime de competência em um momento qualquer do futuro.

Quem refletiu um pouco a respeito já percebeu que o regime de competência acontece antes do regime de caixa e, por isto mesmo, é ele o principal gerador de LUCRATIVIDADE. Assim sendo, esta lucratividade tem de ser medida pelo regime de competência e, nunca, pelo regime de caixa.

Sendo - a própria palavra já diz – a lucratividade uma derivada do LUCRO nosso primeiro passo é apurar os lucros através do regime de competência. O lucro – ou resultado – é o que sobra das receitas de vendas após deduzidos todos os custos e as despesas.

Toda e qualquer organização de propósito econômico vende produtos e/ou serviços. Porém, para oferecê-los ao mercado consumidor, a organização disponibiliza recursos que são "consumidos" ao longo do processo. De forma genérica se define que uma organização de propósito econômico **"gera"** recursos – receitas - e **"consome"** recursos – custos e despesas-. E, ao final **"colhe"** lucros.

Desta forma, a empresa, para conhecer sua lucratividade deve implantar algum tipo de **"Demonstração de Resultados – DRE"**.

Este é um instrumento que todo gerente ou gestor – e não apenas os da área de finanças - precisam conhecer, acompanhar e saber analisar, porque é ele quem informa quanto e como a empresa está gerando lucratividade.

Algumas dicas para gerir a LUCRATIVIDADE:

1. Quanto maior a diferença entre os preços de vendas e os custos variáveis, maior será a lucratividade;
2. Excesso de despesas administrativas reduz a lucratividade;
3. Custos fixos ociosos reduzem a lucratividade;
4. Inadimplência de clientes reduz a lucratividade;
5. Boas políticas de crédito e cobrança contribuem com a lucratividade;
6. Empréstimos para Capital de Giro reduzem a Lucratividade;
7. Excesso de retiradas reduz a lucratividade;
8. Lançamentos de produtos exclusivos, bem precificados, aumentam a lucratividade;
9. Eliminação de custos e despesas fixas ociosas aumentam a lucratividade;
10. Eliminação de despesas supérfluas aumenta a lucratividade;
11. Promoções e liquidações, conseqüências de estoques super dimensionados, reduzem a lucratividade;
12. Investimentos, quando não aumentam o Giro, reduzem a lucratividade;
13. Compra de estoques - de alta rotatividade - com desconto, aumenta a lucratividade;
14. Compra de estoques – de baixa rotatividade – com desconto, reduz o giro e , em conseqüência, pode reduzir a lucratividade.

PILAR Nº 4: RETENÇÃO DE TALENTOS HUMANOS

O Capital Humano há algum tempo, passou a ser objeto de observação das ciências empresariais. E, com toda razão. Finalmente admitiu-se que quem constrói o sucesso são os seres humanos. Logo, se a organização tem à sua disposição **talentos motivados**, sua tendência é diferenciar-se, para melhor, em relação à concorrência. Daí a percepção de que um excelente quadro de colaboradores é fator de ganho de competitividade e, por isto, deve ser **rigorosamente selecionado, permanentemente avaliado, sistematicamente capacitado e devidamente valorizado.** Temos aqui a seqüencia ideal para o desafio da **Retenção de Talentos**.

O primeiro passo é a **seleção**. A empresa, antes de admitir deve delinear – se possível detalhar – as tarefas que o colaborador irá executar e, a seguir, traçar o perfil do ser humano adequado a estas tarefas. Não adianta esperar que um trabalhador pouco qualificado execute tarefas muito complexas, nem tampouco esperar que um trabalhador muito qualificado se satisfaça em executar tarefas de baixa complexidade.

O **binômio** TAREFAS X MOTIVAÇÃO jamais pode ser relevado no processo de seleção e admissão.

O segundo passo é a **avaliação** (de desempenho).

Aliás, este nome, como vimos, é muito desgastado.

Vamos então substituí-lo por:

OPORTUNIDADES PERIODICAS DE DESENVOLVIMENTO DE TALENTOS (O PEDESTAL).

Devem se constituir, como vimos, em reuniões **individuais** entre o Gestor e o Colaborador seguindo a sequência delineada no capítulo anterior, sem esquecer-se de:

1. Elogiar o desempenho;
2. Elogiar o desenvolvimento;
3. Apontar os pontos fortes;
4. Apontar os pontos de não conformidade;
5. Ouvir as sugestões do colaborador para sanar os pontos de não conformidade;
6. Colocar as suas próprias sugestões;
7. Escolher e priorizar as ações;
8. Traçar um Plano de Ação (Quem, O que, Onde, Porque, Como, Quando e Quanto) com as responsabilidades bem definidas de cada um;
9. Agendar a próxima reunião d' (*O PEDESTAL*) ;
10. Registrar em relatório assinado para ser usado na próxima reunião agendada.

O terceiro passo é a **capacitação**. Este é quase um corolário do segundo. Quando se fala em capacitação não há como separar o binômio tarefa x motivação. Assim sendo, programas de capacitação devem ser acordados

116

entre o colaborador e seu gestor, uma vez que os dois são responsáveis pelo diagnóstico de levantamento de necessidades.

Não cabe ao gestor indicar e nem tampouco ao colaborador escolher sua capacitação. E, menos ainda, à área de RH, que deve ser mera facilitadora no processo.

Finalmente, a questão da **valorização** profissional. E, neste ponto, retornamos a Abraham Maslow e à sua "Hierarquia da Necessidades Humanas", já amplamente discutidas.

PILAR Nº 5: INOVAÇÃO E ADAPTAÇÃO À MUDANÇA

Para Charles Darwin, o resultado de suas pesquisas demonstrava que, na evolução das espécies, não foi a espécie mais forte ou a mais inteligente que sobreviveu. A que se perpetuou foi aquela espécie que melhor se adaptou às mudanças provocadas pela evolução do meio ambiente.

E, na evolução do mundo dos negócios, o fato mais comum é justamente a **MUDANÇA** do ambiente, em velocidade cada vez maior.

Para estar em dia com a mudança e sobreviver no mercado competitivo a organização é obrigada a se reinventar sempre. Em outras palavras, a **INOVAÇÃO** passa a fazer parte do cotidiano da empresa moderna. Não é sustentável continuar fazendo as coisas da forma como sempre foram feitas, sob a alegação de que *"sempre deu certo assim"*.

O propósito aqui é lembrar a todos que a mudança empresarial não termina. Ela apenas cria uma nova oportunidade/necessidade de mudar novamente. Por isto a empresa deve promover e estimular a Cultura de Inovação no ambiente interno. Mas como fazer isto funcionar na prática? Além estar atento às oportunidades de inovar o empresário que quer ser inovador deve atentar para alguns pontos:

- Ter uma visão sistêmica, ou seja, compreender a sua organização como parte de um sistema amplo, onde há interações com clientes, colaboradores, parceiros interessados e proprietários. E provocar a **SINERGIA** entre todos estes grupos;
- Valorizar e estimular o conhecimento humano individual e coletivo;
- Estimular a inovação, reconhecendo, patrocinando e promovendo os inovadores;
- Estimular o gerenciamento situacional, estimulando as lideranças a interagir, compreender, auxiliar e motivar os liderados;
- Transformar em rotina o hábito de analisar, questionar e propor novos processos e procedimentos;
- Estabelecer, comunicar e rememorar a **Visão** da Empresa (seu projeto de médio/longo prazo) de forma sistemática nos seus comunicados

formais e informais, para direcionar as iniciativas inovadoras.

Para implantar a Cultura da Inovação na empresa, de forma planejada, é bom segmentá-la em quatro áreas onde as mudanças se concentram, processam-se e se disseminam pela organização.

Referimo-nos ao *"quadrado mágico"* a partir de onde as ações emanam e se espalham. A idéia do quadrado mágico é importada do jargão do futebol. Freqüentemente se refere à estruturação do meio de campo do time, formada por dois volantes de contenção e dois armadores habilidosos. No futebol, é aqui que as ações se concentram , seja para desarmar as jogadas do adversário (defesa), seja para armar os ataques e contra ataques do nosso "time".

O quadrado mágico empresarial é formado por:

ESTRUTURA MATRICIAL DA EMPRESA (BÁSICA)				
	RH	FINAN-ÇAS	PROCES-SOS INTER-NOS	MARKETING
FUNÇÕES	RECRUTAR	CAPITALIZAR	COMPRAR	SEGMEN-TAR:
DAS	SELECIO-NAR	MEDIR	PRODUZIR	MERCADOS
ÁREAS	CAPACITAR	CONTROLAR	OTIMIZAR	CLIENTES
	REMUNERAR	INFORMAR	GARANTIR	PRODUTOS

Este "quadrado" interage dentro e fora da organização conforme o esquema a seguir:

PERCEBER/ OUVIR	RECOLHER/CLASIFICAR	QUADRADO MÁGICO
MERCADO DE SOLUÇÕES	DADOS/ INFORMAÇÕES/	RH/MKT/FIN/PROD.
	ANALISAR	DECOMPOR/ RECOMPOR
RETORNO	REAVALIAR/REINICIAR	DECIDIR/AGIR

O esquema desenhado nos permite visualizar alguns aspectos de funcionamento da gestão das organizações integrais:

1) O Marketing amplia a sua leitura de mercado de produtos para uma visão de *Mercado de Soluções* "ouvindo e percebendo" os desejos e necessidades dos clientes;

2) A organização capta , coleta e classifica dados e agrega informações deste novo mercado e os oferece ao "quadrado mágico" para análise Dados são representados por símbolos, quantidades, números, eventos; modismos, etc. Informações são agrupamentos dos dados em classes – comentadas - relevantes para o contexto do desafio em análise;

3) A análise identifica e interpreta oportunidades e ameaças, pontos fortes e fracos da organização, através do conhecimento interdisciplinar, compreende e seleciona **soluções**;

4) A interação **sinérgica** do *"quadrado mágico"* estabelece a estratégia de abordagem, as especificações do produto/serviços, a linha de produção – e os recursos necessários –, os preços referenciais e sua viabilidade para os clientes e o processo de distribuição.

5) E o próprio mercado realimenta os processos internos da integração funcional, tornando a organização um centro dinâmico de mudanças.

PILAR N° 6: FOCO DO CLIENTE

Freqüentemente vejo empresários treinando seus colaboradores para atenderem bem os seus clientes. Estes treinamentos costumam ser padronizados e trabalham as relações humanas, o contato, a abordagem, a gentileza e delicadeza no.

Com efeito, tratamento do cliente é fundamental. Mas, é insuficiente.

Este pilar aborda uma mudança de enfoque.

Substituir o Foco **no** Cliente pelo **FOCO DO CLIENTE**.

Ganhar o cliente não se restringe a bom atendimento. No mundo moderno, quem não dá bom atendimento, perde o cliente. Por isto, todas as empresas privilegiam o bom atendimento.

Hoje o consumidor é especial. Ele é acessado diariamente pelos meios eletrônicos, dispõe de muitas informações e conhece o produto ou serviço antes de procurá-lo no mercado..

É necessário, portanto compreender que no atual modelo de competição, a concorrência não se restringe ao produto/serviço. Ela é muito mais ampla, na medida em que compreende o benefício que é associado ao produto (ou ao serviço) pelo potencial consumidor. Não se vende mais produto. Vende-se benefício. E benefício é uma dimensão não concreta. Ela atende, subliminar e individualmente, outras carências do cliente. Portanto, é importante conhecer e compreender o cliente a fim de se antecipar às sua necessidades/desejos. Significa dizer que o modelo tradicional de negócios (qualquer negócio) evoluiu.

DE :
PRODUZIR E VENDER.

PARA:
PERCEBER E OFERTAR.

Ao planejar as suas ações de Marketing (Pesquisa, análise, divulgação, distribuição e promoção) o empresário deve observar o FOCO DO CLIENTE.

Para facilitar as suas ações e decisões, basta lembrar que os clientes, do ponto de vista mercadológico, devem ser estratificados em quatro categorias que aliam **CLIENTES A PRODUTOS**.

Cliente Antigo	Produto Antigo
Cliente Antigo	Produto Novo
Cliente Novo	Produto Antigo
Cliente Novo	Produto Novo

PILAR Nº 7: DECISÃO (OS TRÊS EF's)

A empresa de sucesso reflete a competência dos seus gestores e gestores.

Modernamente, a definição de competência gerencial sustenta-se em três pilares: o conhecimento – especialização -, a atitude – comportamento pró-ativo - e a habilidade de buscar informação. E o resultado da interação destas três habilidades deve ser a capacidade de exercer influência sobre os liderados.

Através da orientação e gerenciamento de uma boa **equipe** de gestores é que se alcançam resultados. Importante compreender a "idéia" – no sentido filosófico – do que é uma **"equipe"**

Equipe não é um **grupo**, dado que grupos são reuniões de pessoas com interesses – econômicos sociais ou políticos – comuns.

Equipe tampouco é um **time,** uma vez que time é um grupo formado para atender determinado objetivo – específico e perecível.

Equipe vai além. Ultrapassa as questões sociais, econômicas e políticas. Seus objetivos são perenes. Seus membros aceitam - e vencem – desafios continuados, continuam planejando e construindo soluções e tem uma bandeira comum, chamada MISSÃO, a qual prevê, sempre, a continuidade e a sustentabilidade da organização e sua excelência em tudo que faz.

O conceito mais apropriado para MISSÃO é :

Aquilo que a empresa consegue realizar de melhor para atender os seus mercados, propiciando satisfação para clientes, colaboradores, proprietários, fornecedores e quaisquer outros parceiros –stakeholders – interessados no sucesso da organização.

O maior desafio de uma Equipe com Excelência em Gestão é aliar - com sucesso – o Desafio, a Decisão e o Monitoramento.

Note-se que não usamos – propositadamente – a palavra Problema. Empresa excelente não tem problemas, apenas desafios que precisam ser vencidos.

Para alcançar o equilíbrio entre desafio, decisão e monitoramento, sugerimos que a equipe de gestão aplique o que chamamos de

---

OS TRÊS EF's

EFICIÊNCIA: QUE SIGNIFICA <u>FAZER BEM FEITO</u>, OU SEJA, BUSCAR A QUALIDADE EM TODAS AS AÇÕES E PROCESSOS;

"Se vou fazer uma tarefa simples como pintar um muro, devo fazê-lo de tal forma que o resultado encante os olhos do observador"

EFICÁCIA: QUE SIGNIFICA <u>FAZER O QUE PRECISA SER FEITO</u>, OU SEJA, ELEGER PRIORIDADES, DAR FOCO NAS AÇÕES E <u>OTIMIZAR</u> OS RECURSOS DE QUE A EMPRESA DISPÕE;

"Não adianta comprar roupa de astronauta se não tenho foguete pra me levar à Lua"

EFETIVIDADE: QUE SIGNIFICA <u>OFERECER</u> OS <u>RESULTADOS QUE SÃO OS ESPERADOS</u> PELOS <u>CLIENTES</u>. MELHOR DIZENDO: COMPREENDER E <u>REALIZAR OS DESEJOS E AS</u> <u>NECESSIDADES</u> <u>DO MERCADO</u>.

"Não adianta ter alta produtividade e qualidade se o seu cliente não percebe a relação custo x benefício no seu produto".

<u>**Uma última recomendação:**</u>

Aos gerentes e gestores cabe ter permanentemente em perspectiva os objetivos fundamentais a serem alcançados em mercados competitivos:

125

1) A melhor equação custo x benefício percebida pelos clientes;

2) A oferta de soluções que antecipam necessidades e desejos do mercado consumidor;

3) Processos produtivos que otimizem recursos e reduzam custos por unidade ofertada;

4) Acumulação de resultados que satisfaçam os proprietários e garantam a sustentabilidade econômica da organização;

5) Tratamento ao quadro institucional que estimule os colaboradores a buscar a excelência em todas as operações;

6) Agilidade e flexibilidade para adaptação á mudanças do mercado. O mercado é como um Caleidoscópio. Qualquer pequeno movimento descortina uma nova paisagem;

7) Processo decisório baseado no diálogo iniciado e irradiado no *"quadrado mágico"* . Esta é a rotina presente nas *"empresas que aprendem";*

8) Lideranças voltadas para um modelo **"sistêmico"** - o qual enfatiza a sinergia entre todas as funções - e que comunica assertivamente os objetivos globais da organização, relegando as convicções e "expertises" individuais;

9) Crença absoluta na máxima de que *" o conhecimento produtivo é a convergência de todos os conhecimentos individuais"*.

www.ingramcontent.com/pod-product-compliance
Lightning Source LLC
Chambersburg PA
CBHW051323170526
45166CB00002B/664